<그리스도인이면 꼭 알아야 할 성경 지식>

성경에 나오는
신실한 여인들

서울솔로몬학교 성경연수원

차 례

이 책에 인용된 성경 구절은 〈한글킹제임스성경〉입니다.

제1과

성경에 등장하는 현숙한 여인들

『누가 현숙한 여인을 찾아낼 수 있겠느냐? 그녀는 루비보다 훨씬 가치 있느니라』(잠 31:10).

현숙한 여인 "룻"

성경에는 총 "열네 가지 유형"의 여인이 등장한다. 그중 "열세 가지 유형"이 솔로몬 왕이 기록한 "잠언"에 기록되어 있는데, "일천 명의 아내"(왕상 11:3)를 두었던 솔로몬이었기에 "여인"에 대해 쓸 "자격"이 충분히 있었던 것이다. 특히 잠언의 "마지막 장"인 31장에 제시된 "마지막 유형"의 여인은 루비보다 훨씬 가치 있는 존재로 평가되는 "현숙한 여인"(Virtuous Woman)이다. 잠언이 기록된 이래로 지난 3천 년 동안 "현숙한 여인"은 수많은 남성들의 이상형이자, 여성들의 "롤 모델"로 자리를 잡아 왔다.

한편 잠언 31장에서는 "현숙한 여인"의 특성을 잘 묘사해 주고 있다 해도 그에 부합하는 실제 모델을 제시하고 있지는 않다. 그래서 우리는 그 "현숙한 여인"을 찾기 위해 성경의 다른 책들을 살펴봐야 한다. 『**누가 현숙한 여인을 찾아낼 수 있겠느냐?**』(잠 31:10) 이 질문에 딱 들어맞는 한 여인을 "재판관들의 시대"에서 찾아볼 수 있는데 다름 아닌 "룻"이다. 『**내 딸아, 이제 두려워 말라. 네가 원하는 대로 내가 네게 다 행하리라. 이는 내 백성의 모든 성읍이 네가 현숙한 여인임을 알기 때문이니라**』(룻 3:11). 모압 여인으로서 이방인이었고 가난한 과부였을 뿐인 "룻"을 하나님께서는 "현숙한 여인"으로 인정하셨는데, 심지어 그녀는 "메시아의 계보"에 이름이 언급되는 영예까지 얻게 되었으니(마 1:5), 그녀는 곧 "보아스의 아내"로서 "다윗 왕"의 증조모가 되었던 것이다.

현숙한 여인의 7가지 특징

『누가 현숙한 여인을 찾아낼 수 있겠느냐? 그녀는 루비보다 훨씬 가치 있느니라. 그녀의 남편의 마음은 그녀를 편안히 신뢰하나니, 그가 탈취할 필요가 없으리라. 그녀가 평생 동안 그에게 선한 일만 행하고, 악을 행치 아니하리라. 그녀는 자진하여 양모와 아마를 찾아 손수 일하며 상인의 배와 같아서 먼 데서 양식을 가져오고 밤이 새기도 전에 일어나 가족들에게 음식을 주며 여종들에게 몫을 주느니라. 그녀는 숙고하여 밭을 사며, 그녀의 손의 열매로 포도원을 만들고, 허리를 힘껏 동이며 팔을 튼튼하게 하느니라. 그녀는 자기의 장사가 잘되는 줄을 예견하여 밤에도 촛불을 끄지 않고 자기 손을 물레의 가락에 두며, 자기 손으로 솜뭉치를 잡느니라. 그녀는 가난한 자들에게 손을 펴나니, 정녕, 빈궁한 자들에게 손을 내미느니라. 눈이 와도 그녀가 식구들을 위하여 염려하지 아니할 것은 그녀의 모든 식구들이 주홍색 옷을 입었음이라. 그녀는 스스로 수놓은 직물로 덮개를 만들며, 자주색 비단옷을 입고』(잠 31:10-22).

1. "루비"보다 훨씬 가치가 있는 존재이다(10절).

성경에서 아내를 얻기 위해서는 "지참금"(창 34:12, 출 22:16,17)이 필요했는데, "야곱"은 14년 동안 "외삼촌 라반의 양 떼"를 위해 봉사하고 나서야 비로소 "사랑하는 아내"(라헬)를 얻을 수 있었고(창 29:15-30), "다윗"은 전장에서 목숨을 걸고 싸워 이겨 "필리스티아인들의 포피 일백 개"를 가지고 옴으로써 "사울의 사위"가 되어 "미갈"을 아내로 얻을 수 있었다(삼상 18:25-27).

"현숙한 여인"을 아내로 얻기 위해서는 "루비"보다 훨씬 더 가치가 있는 것이 필요한데, 그것은 바로 "지혜"이다(욥 28:18, 잠 3:15; 8:11). 이러한 기준에 가장 잘 들어맞는 여인이 다름 아닌 "룻"이고(룻 3:11), "사라"(벧전 3:4-6)와 "한나"(삼상 1:10,11,24-28)와 "아비가일"(삼상 25:3)도 그러한 요건을 잘 충족하는 여인들이며, "에스더"(에 4:16)와 "요케벳"(출 6:20, 히 11:23)은 천 년에 한 번 나올까 말까 한 "진귀한 루비들"이다.

2. 남편이 편안한 마음으로 신뢰할 수 있는 존재이다(11절).

가정의 경제를 파탄에 이르게 할 만큼 "소비성"과 "낭비벽"이 강한 여인이 아니며, 오히려 손수 일을 해서 직접 소득을 올리는 가장 훌륭한 "돕는 배필"이다(13,14,16,18,19,22절). 따라서 마음 편히 그녀를 신뢰할 수 있는 남편은 가정의 생계를 유지하기 위해 누군가를 "탈취할" 필요가 없다.

3. 평생 동안 남편에게 선한 일만 행하고 악을 행하지 않는다(12절).

『현숙한 여인은 남편에게 면류관이나, 수치를 끼치는 여인은 그의 뼈를 썩게 함과 같으니라』(잠 12:4). "부부 싸움"으로 인하여 잦은 갈등을 겪는다거나, **『다투고 성내는 여자와 함께 사는 것보다 광야에서 사는 것이 더 나으니라.』**(잠 21:9)라는 말을 할 필요가 없을 정도로 악한 현 세상에서는 좀처럼 발견할 수 없는 "매우 희귀한 보석"이다. 남편에게 큰 해악을 끼치고 수치를 안겨 준 "욥의 아내"(욥 2:9), "삼손의 아내"(판 14:16,17), "아합의 아내"(이세벨, 왕상 16:31; 18:19, 왕하 9:22), "헤롯의 아내"(헤로디아, 마 14:6-8) 등과는 너무나 거리가 먼 여인이다.

4. 부지런히 일을 해서 소득을 올리며 가족과 이웃을 돌본다(13-22절).

"사라"는 남편의 말에 복종하여 열심히 일했고(창 18:6, 벧전 3:6), "리브카"는 물을 길어 오기 위해 직접 "물 항아리"를 어깨에 멨는데(창 24:15), 이런 모습은 『**허리를 힘껏 동이며 팔을 튼튼하게**』(17절) 하는 "현숙한 여인상"을 잘 보여 준다. 특히 "리브카"는 "나그네"(아브라함의 종 엘리에셀)에게 기꺼이 물을 마시게 했을 뿐만 아니라(창 24:17,18), 『**자진하여**』(13절) 낙타와 우물 사이를 부지런히 오가며 낙타들에게도 물을 마시게 했다(창 24:19,20). 이렇듯 "현숙한 여인들"은 너무나 부지런하여 밤이 새기도 전에 일어나 가족들에게 음식을 주는데(15절), 곧 한밤중에 일어나 깨어 준비할 만큼 "현명한 여인들"인 것이다(마 25:4-10). 그런 여인들은 남편과 아이들을 먹이고(15절) 입히고(21절), 종들에게 음식으로 몫을 배분해 준다(15절). 그래서 눈이 와도 염려가 없다(21절).

욥파의 "타비다"(도르가)는 "현숙한 여인"처럼 바느질을 하고 물레를 돌리며 옷을 짜는 등(13,18,19,22절) 열심히 겉옷과 속옷을 만들었고(행 9:39), "현숙한 여인"처럼 가난한 자들에게 손을 펴고 빈궁한 자들에게 손을 내미는 등(20절) 선행과 구제를 많이 했다(행 9:36). 두아티라 성읍의 "자주 옷감 장수"였던 "루디아"라는 여인은 무언가를 사고팔며 장사하고 값을 흥정하는(14,16,18,24절) "현숙한 여인"의 모습을 잘 반영해 준다. 성경에는 "부지런히 일하는 여인들"이 여러 명 나오는데, "라헬"은 양들을 치고 돌보는 여인이었고(창 29:6), "십포라" 역시 아버지의 양 떼를 돌보았으며(출 2:16-21), "프리스킬라"는 남편을 도와 열심히 천막을 만들었다(행 18:2,3).

무엇보다도 "현숙한 여인"(룻 3:11) "룻"은 보리 수확기에(룻 1:22) "밭"으로 나가(룻 2:2) 부지런히 이삭줍기를 하면서 곡식을 얻어(14절) 시어머니를 성심껏 섬겼다(룻 2,11,18). 그녀는 "선한 일만 행하는 여인"(12절)으로서 시어머니와 시어머니의 백성에게 충실했고(룻 2:11), 시어머니가 믿는 하나님께 충실했다(룻 2:12). 또한 "공손하고 정중한" 여인이었는데, 보아스의 밭에서 이삭을 줍게 해 달라고 요청했을 뿐(룻 2:7) 그녀의 권리를 주장한 적이 한 번도 없었다. 『**그녀는 지혜롭게 입을 열며, 그녀의 혀에는 친절의 법이 있느니라**』(26절). 특히 "룻"은 "아주 열심히 일하는 여인"이었다. 『**그리하여 그녀가 집에서 잠시 쉰 것말고는 와서 아침부터 지금까지 계속하였나이다**』(룻 2:7). 그녀는 잠시 동안만 쉴 만큼(『**잠시 쉰 것말고는**』) "자발적으로" 일했고(13절), 아침 일찍 일하러 나올 정도로(『**아침부터**』) "부지런했으며"(15,27절), 지치지 않고 계속해서(『**지금까지 계속하였나이다.**』, cf. 룻 2:17) "힘껏" 일했다(17절).

『그녀의 남편은 그 땅의 장로들 사이에 앉을 때, 성문 안에서 알려진 사람이 되고, 그녀는 세마포로 옷을 지어 팔며, 장식띠를 상인들에게 넘겨주느니라. 능력과 존귀가 그녀의 옷이 되나니, 그녀가 다가올 때에 기뻐하리라. 그녀는 지혜롭게 입을 열며, 그녀의 혀에는 친절의 법이 있느니라. 그녀는 자기 식구들의 일들을 잘 살피며, 게으른 빵을 먹지 않느니라. 자식들은 일어나 그녀를 축복하며, 남편도 그녀를 칭찬하기를 "많은 딸들이 현숙하게 행하였으나, 당신은 그들 모두보다 뛰어나도다." 하느니라. 호의도 거짓되고 아름다움도 헛되나, **주**를 두려워하는 여인은 칭찬을 받으리라. 그녀의 손의 열매에서 *나는 것을* 그녀에게 주고, 그녀 자신의 일들이 성문 안에서 그녀를 칭찬하게 하라』(잠 31:23-31).

5. 남편으로 하여금 인정과 존경을 받게 한다(23,24절).

"현숙한 여인"의 남편은 성읍 사람들의 인정과 존경을 받게 되는데, 이는 남편이 밖에서 집안일을 전혀 걱정하지 않아도 될 만큼 그녀가 모든 일을 알아서 잘 꾸려 가기 때문이다(24절, cf. 딤전 5:14, 딛 2:5). "성공한 '한 사람'의 남자 뒤에는 훌륭한 '두 사람'의 여자가 있다."라는 말이 있는데, 그중 한 명은 "어머니"이고 다른 한 명은 "아내"이다. 그만큼 현숙한 아내는 남편이 학문과 업적을 이루고 덕행을 쌓는 데 지대한 영향을 미치는 것이다(cf. 룻 4:1-11).

6. 능력과 존귀가 옷이 되고, 입에는 지혜와 친절이 있다(25,26절).

"현숙한 여인"은 땋은 머리나 금으로 치장하지 않고 옷을 입는 외모로 단장하지 않는다(벧전 3:3, cf. 사 3:16-25). 그 대신 "능력과 존귀"로 옷을 입고(25절), 온유하고 고요한 영으로 단장한다(벧전 3:4). 누군가가 잘 말했듯이, "존귀가 옷이 되면 그것은 평생 지속되지만, 옷이 자신의 존귀가 되면 달이 지나면 해어진다." 한편 "현숙한 여인"의 입에서는 "독설"이 나오지 않고 "지혜"와 "친절의 법"이 흘러나온다. 그러나 "이브"는 하나님의 말씀을 왜곡함으로써 그녀의 입으로 죄를 들여왔고(창 3:1-7), "미갈"은 다윗이 순수한 동기로 하나님을 찬양했을 때 뼈에 사무치는 경멸 섞인 악담을 했다(삼하 6:16-23). "이세벨"은 독설이 가득한 입으로 엘리야를 위협하여 그로 하여금 낙담하게 했고(왕상 19:1-18), 남편을 충동질해서 무죄한 "나봇"을 죽게 했다(왕상 21:1-16). "헤로디아"의 입에서 나온 악한 말은 침례인 요한의 죽음의 원인이 되었고(막 6:24-29), "라헬"의 입에서 나온 불평은 야곱의 생을 비참하게 했으며(창 30:1,2), "일천 명의 아내들"이 쏟아 놓은 불평, 비방, 제안, 소문, 잡담 등은 솔로몬 왕을 괴롭히고 우상숭배자게 되게 했다(왕상 11:1-8).

7. 축복과 영예와 칭찬을 받는다(27-31절).

자기 식구들의 일들을 부지런히 살피는(27절) "현숙한 여인"은 남편과 자녀들로부터 칭찬을 받는다(28절). 『**많은 딸들이 현숙하게 행하였으나, 당신은 그들 모두보다 뛰어나도다**』(29절). 실로 그녀는 "훌륭한 아내"(11,12,23,24절)이고, "훌륭한 어머니"(15,18,21,27절)이며, "훌륭한 이웃"(20,26절)이자, "훌륭한 여인"(13,15-19,22절)이다. 이렇듯 "현숙한 여인"은 집안을 잘 세우는 여인으로 평가되는데(21,23,27절), "룻" 역시 "이스라엘 집안"을 세우는 영예와 축복을 얻었다(룻 4:11). 말하자면 그녀는 다윗 왕의 증조모가 되어 메시아이신 예수 그리스도의 계보에 드는 영예를 얻었으니, 그만큼 성읍에서 잘 알려진 "유명 인사"가 된 것이다. 『**그녀의 손의 열매에서 *나는 것을* 그녀에게 주고, 그녀 자신의 일들이 성문 안에서 그녀를 칭찬하게 하라**』(31절).

"룻"이 이러한 칭찬과 영예와 축복을 받을 수 있었던 근본적인 이유는 "그녀가 주 하나님을 두려워하는 여인"이었기 때문이다. 『**호의도 거짓되고 아름다움도 헛되나, 주를 두려워하는 여인은 칭찬을 받으리라.**』 "룻"은 이스라엘의 주 하나님의 날개 아래로 의뢰하러 온 여인이었다(룻 2:12). 실제로 그녀는 시어머니의 하나님을 자신의 하나님으로 받아들이기 위해 모든 것을 포기했다. 재혼을 포기했고, 자신의 국가와 민족을 포기했으며, 자신의 가족과 친구와 고향을 포기했다. 그 대신 유다 땅으로 가서 하루 종일 밭에 나가 이삭을 주우며 생계를 유지했다. 그야말로 모든 것을 포기하고 하나님을 선택했다. 하나님을 두려워함으로써 주님을 선택한 "현숙한 여인"이었던 것이다.

■ 새롭게 깨달았거나 적용할 내용이 있다면 적어 보세요. ■

NOTES

NOTES

제2과
예수 그리스도의 모친 마리아

『그러므로 주께서 친히 한 표적을 너희에게 주시리라. 보라, 한 처녀가 임신하여 한 아들을 낳으리니 그의 이름을 임마누엘이라 하리라.』(사 7:14).

"날 제발 가만히 내버려 두시오!"

『내가 내 형제들에게는 낯선 사람이 되고 내 모친의 자녀들에게는 외국인이 되었나이다. 주의 전을 위한 열성이 나를 삼켰으며 주를 비방하는 자들의 비방이 내게 떨어졌나이다』(시 69:8,9). 이 구절은 예수 그리스도의 초림에 관한 예언으로서(요 2:17), 특히 8절은 "예수님의 모친"에 대해 언급하고 있다. 로마카톨릭은 마리아가 "영원한 동정녀"라고 주장한다. 마리아가 영원한 처녀라면, 요셉 역시 영원히 총각이어야 한다. 그러나 8절에 따르면 예수님의 모친에게는 다른 자녀들이 있었다. 이 자녀들은 마가복음 6:3에 나와 있고 그중 네 명은 이름까지 명시되어 있다. 그들은 로마카톨릭이 주장하듯이 그리스도의 "사촌들"이 아니라 그리스도의 모친의 "자녀들"이었다.

"성경의 마리아"와 "로마카톨릭의 마리아" 사이에는 비슷한 부분이 전혀 없다. 로마카톨릭은 마리아에게 "하나님의 속성"을 부여한다. 마리아를 "전지한 존재"라고 여긴 나머지, 그녀가 약 13억 명의 카톨릭교도들이 하는 기도 내용을 동시에 들을 수 있다고 생각한다. 또한 마리아가 예수님처럼 "죄 없이 태어났다."라고 주장한다. 그들의 헛된 생각으로는 예수님께서 죄 없으신 구주가 되시려면 그분의 어머니 역시 죄 없는 여인이어야 한다는 것이다. 이 논리가 성립하려면 마리아의 어머니도 죄 없는 여인이어야 한다. "하나님의 어머니"가 계시면 "하나님의 할머니"도 계셔야 한다. 예수님을 위해 태를 내어놓았던 한 여인은 오늘도 이렇게 말할 것이다. "제발 날 좀 내버려 두시오!"

"동정녀 탄생"을 더럽히는 마귀

『"보라, 한 처녀가 잉태하여 한 아들을 낳으리니, 그의 이름을 임마누엘이라 하리라." 하셨으니, 이를 해석하면 '우리와 함께하시는 하나님.' 이라』(마 1:23).

성육신하여 오신 하나님은 예수 그리스도이시다. 따라서 성령으로 잉태하여 처녀에게서 태어난 한 아들의 이름을 성경은 임마누엘이라고 알려 주었으며, 그 뜻이 "우리와 함께하시는 하나님"이라고 밝히고 있다. 성경은 동정녀 탄생을 통해 이 땅에 오신 "한 아들"을 "하나님"이라고 기록하고 있다. 그런데 〈개역성경〉(NLT)은 "하나님"이라는 이름을 변개하여 "하나님이 우리와 함께 계시다"는 서술형으로 번역함으로써 성경 본래의 의미를 제거했다. 반면 NIV는 이 구절에서 〈킹제임스성경〉을 따라 "God with us"라고 번역했다.

모든 거듭나지 않은 랍비들은 성령을 모독하고 신약성경을 거부함으로써 이사야 7:14과 마태복음 1:23에서 말씀하시는 "처녀"(히브리어 "알마")를 "젊은 여자"로 번역했다. 하지만 신약성경에서 보면 그 단어는 "파르쎄노스(παρθένος)"로, 젊은 여자나 소녀나 혹은 어떤 다른 것을 의미하지 않고 오직 처녀(virgin)를 의미한다. 이 단어는 누가복음 1:27에서 "육체적으로 남자를 알지 못하는 젊은 여자"의 의미로 두 번 사용되었다(눅 1:34). 결코 이 단어는 단순히 "젊은 여자"나 "결혼 전의 여자"를 총체적으로 언급하는 것이 아니다. 앞에서 언급한 구절들에서 "처녀"를 "젊은 여자"라고 변개시키는 근거는 바빌론 탈무드에서 따온 전설에 있다. 카톨릭은 마리아를 일컬어 "영원한 동정녀"라고 부르면서, 정작 분명하게 "처녀"라고 기록된 성경 말씀을 "젊은 여자"로 변개시켜 그 의미를 모호하게 만들었다. 그들의 주장에 따르면, 마리아는 성령으로 잉태된 예수님을 임신하기 이전에 처녀였는지 아닌지를 알 수 없다. 예수님께서 육신을 입고 이 땅에 오신 일을 격하시키기 위해서 그들은 마리아를 더럽혀야만 했던 것이다.

이교도 신화에서 유래된 "하나님의 어머니"

마리아를 "하늘의 여왕," 곧 "여신"으로 숭배하는 신앙은 님롯의 어머니 세미라미스를 여신으로 숭배했던 고대 바빌론 종교에서 비롯되었다. 특히 구약에서는 이스라엘 백성이 이 가증한 우상 숭배를 따라 "하늘의 여왕"을 섬기다가 주 하나님을 격노케 하고 말았다(렘 7:18; 44:17,18).

신들을 자녀로 둔 어머니 여신들의 존재는 사실상 그리스도 이전의 모든 신화들에서 보편적으로 나타난다. 이집트 신화에 등장하는 이시스(Isis)에게는 이집트의 주요 신들 중 하나인 호루스(Horus)라는 아들이 있었고, 또한 데메테르(Demeter)는 페르세포네(Persephone)의 어머니였는데, 사후 세계에서의 권세를 부여받는 신화적인 상황도 등장했고, 제우스(Zeus)의 아내인 헤라(Hera)는 헤베(Hebe) 여신의 어머니로, 아레스(Ares)와 여신 일리티아(Ilithyia)의 어머니였다. 크로노스(Chronos)와 관련이 있는 여신 레아(Rhea)가 있는데, 그녀의 딸이 앞서 언급한 데메테르(Demeter)였다. 디오네(Dione)는 제우스(Zeus)로 인해 여신 아프로디테(Aphrodite)를 낳았다. 호메로스의 서사시나 헤시오도스(Hesiod)와 같은 고전 작품들과 그리스 신화만 보더라도 하나같이 여신들이 차례로 신들의 어머니들이 되는 것을 알 수 있다.

제우스(Zeus)의 아내이자, 누이인 여신 헤라(Hera)와 같은 몇몇 경우에도 마리아 신화와 마찬가지로, 그러한 상황을 보고 그녀의 영원한 처녀성에 이의를 제기할 수는 없었다. 신화에 따르면 매년 헤라(Hera)는 나우플리아(Nauplia) 근처 카나토스(Canatos) 샘에서 목욕을 했고, 그곳에서 처녀성을 회복했다고 한다. 이 여신들은 모두가 그리스도인들이 나타나기 수세기 전부터 숭배의 대상이 되어 왔었고, 그리스도인들이 등장한 이후에도 수세기 동안 계속해서 존경의 대상이 되어 왔는데, 이로 인해 여신들의 많은 특징들이 마리아의 신화로 편입되는 데 결정적인 역할을 했다. 그럼에도 불구하고 에베소 지역에서 마리아를 "하나님의 어머니"로 만드는 데 영향을 준 중요한 요인은 다름 아닌 그 지역에 본거지를 둔 어머니 신, 바로 그녀의 숭배였다.

카톨릭이 만든 "하늘의 여왕"

1. 마리아가 "천상의 존재인가?"

우리는 종종 카톨릭 교인들이 "마리아"의 형상 아래서 기도하는 모습을 보곤 한다. 어떤 면에서는 그 모습이 가장 경건한 카톨릭인 교인의 믿음(?)의 모습으로까지 미화되기도 한다. 그러나 마리아에게 기도하는 카톨릭 교인들에게 성경 말씀을 들어 "인간과 하나님 사이에는 중보자가 예수 그리스도 단 한 분"임을(딤전 2:5) 지적하면, 그들은 자신들도 예수 그리스도가 하나님의 아들이시라는 것을 믿으며, 마리아를 신으로 숭배하는 것은 아니라고 반박한다. 그러나 그들은 분명히 마리아를 신으로 섬기고 있는데, 이것은 그들이 하나님께서 받으셔야 할 영광을 마리아에게 주고 있는 것을 보면 확실히 알 수 있다.

즉 마리아를 "하나님과 인간을 이어 주는 다리"라고 말했고(거짓말, 갈 4:4,5), "그리스도의 거룩한 성전"이자(거짓말, 고전 3:16,17, 고후 6:16), "이새의 뿌리"라고 했으며(거짓말, 사 11:10, 롬 15:12), 심지어 "다윗의 홀"이라고도 말했던 것이다(거짓말, 창 49:10, 민 24:17). 또한 "아론의 막대기"라고도 했는데, 이것은 "하나님께서 선정하신 대제사장이 누구인가"를 보여 주는(민 17:5,8) 표현으로서 죽은 나무에서 생명이 나오는바 "부활의 예표"였다. 5세기까지는 그 누구도 마리아의 "성모승천"(聖母昇天) 같은 것을 언급조차 하지 않았다. 성경은 그런 것을 가르치지 않으며 초기 그리스도인들 역시 마찬가지였다. 이것은 외경에만 나오는 내용이다. 마리아는 휴거 이전에 몸을 입고 하늘에 올라간 적이 없으며, 그 누구를 위한 대제사장이나 여자 제사장이 된 적도 없고(히 3:1), 그 누구를 위한 "구속주"나 "중보자"가 된 적도 없다(딤전 2:5).

심지어 로마카톨릭은 마리아를 "삼위일체 하나님께서 거하시는 처소"라고 가르치는데, 이것 역시 신성모독적인 거짓말이다(골 2:9). 또한 "이교도들을 위한 구원"이라고 가르치는데, 성경은 예수 그리스도만이 "구원"이시고(눅 2:30,31) 이방인들에게 빛을 비추려고(눅 2:32) 오신 분이라고 말씀한다. 이방인의 사도였던 바울도 마리아는 이방인들의 구원과 아무런 관계가 없다고 말했다(롬 15:16, 갈 1:16).

그러나 우리가 분명히 알아야 할 것은 성경에서 말하는 "마리아"는 결코 카톨릭에서 말하고 있는 그 "마리아"가 아니라는 사실이다. 로마카톨릭에서는 마리아에게 오직 예수 그리스도만이 소유하시는 신성을 부여하고 있다. 마리아에 대한 그들의 교리는 이것을 충분히 증명한다. 첫째, 그들은 마리아의 무염시태(죄 없는 탄생)를 주장한다. 둘째, 그들은 마리아의 죄 없는 삶을 주장하는데, 이것

칠레 산크리스토발 언덕 마리아상

서울 명동성당 마리아상

에콰도르 키토 마리아상

은 마리아의 "영원한 처녀성"에 대한 주장과 밀접한 관련이 있다. 셋째, 그들은 마리아의 부활(성모몽소승천)을 주장하여 마리아의 영혼과 육신이 그대로 승천하였으며, 현재 하늘의 "여왕"으로 있다고 말한다. 넷째, 마리아의 "무소부재성"이다. 이 "무소부재성"에 대해서는 그들이 혹 부인할지도 모르겠다. 그러나 그들은 지금도 마리아에게 기도하고 있는데, 이것은 전 세계 카톨릭 국가들, 즉 11만 km 이상 떨어진 나라들(스페인, 멕시코, 브라질, 이탈리아 등)에서 동시에 행해지고 있다. 그들은 마리아가 13억 명 이상의 카톨릭 교인들의 기도를 동시에 다 들을 수 있다고 믿으며 기도하고 있는 것이다. 이것은 그들이 분명히 하나님의 거룩하신 속성 중 하나인 무소부재성을 동일하게 마리아에게 적용하고 있다는 것을 증명한다.

2. 이방 종교의 여신을 따라한 로마카톨릭의 "성모(聖母)" 마리아

그러나 우리가 성경을 주의 깊게 살펴보면, 로마카톨릭의 마리아는 바로 바알 종교의 "아스타롯 여신"(렘 44:15-19, 판 2:13)임을 알 수 있다. 그들은 비너스, 로렐라이, 다이아나, 미네르바와 같은 하나의 "여신"으로, 즉 "하늘의 여왕"으로서 마리아를 숭배하고 있는 것이다. 이 "마리아"는 흉악한 "여자 마귀"일 뿐(슥 5:8, 렘 44:20-25), 성경의 마리아와는 아무런 관련이 없다.

카톨릭과 동방 교회들의 핵심부에서 마리아가 어떻게 묘사되고 있는지를 피상적으로만 안다고 하더라도, 신들의 어머니 여신들이며, 특히 에베소에서 숭배되던 동정인 여신 아르테미스(Artemis)가 이 일에 영향을 끼쳐 온 사실 정도는 이해할 수 있다. 마리아 신화에서처럼 아르테미스(Artemis)는 ❶ 어머니로서 동등하게 취급되었고 ❷ 처녀성이 매년 회복되었던, 신들의 어머니인 헤라(Hera)와 동일한 속성, 즉 영원한 동정이었으며, ❸ 때로는 "고통 없는 죽음을 관장하는 마리아"라고 불리기도 하는데, 자신을 따르는 신실한 신도들에게 편안한 죽음에 이르게 하는 권세를 가졌다. ❹ 또한 그녀를 숭배하는 제사장은 성생활을 박탈당했는데, 비록 카톨릭이나 동방 교회들과는 다르지만, 퀴벨레(Cybele) 숭배와 유사한데, 이것은 거세를 통해 확고하게 되었다. ❺ 대단한 소득 체계의 근원이 되었는데, 이것은 기본적으로 여신과 관련된 형상 제조와 에베소의 성소와 연관된 성지들로부터 유래된 것이다. 이러한 환경은 금전상의 이득과 관련되었기 때문에, 그 지역 거민들을 동정인 여신에게 강력하게 결합하는 데 도움이 되었다.

최소한 헤카테(Hecate)로 알려진 이름처럼, 죽은 자의 세계에 대한 권력을 지녔다(데메테르나 퀴벨레 같은 다른 어머니 여신들에서 이미 드러났던 모습들). 헤카테로 동화된 아르테미스는 대로에서 숭배를 받았다. 이러한 전통은 스페인이나 그리스와 같은 나라에서 마리아 숭배의 경우로 확실하게 나타난다. 길들이 서로 교차되는 곳에서 신당과 거기서 섬기는 자들의 거처를 발견하는 것은 쉽다.

성모의 신화가 여신들, 신들의 어머니 그리고 특히 에베소의 아르테미스 숭배에 그 뿌리를 두고 있다는 것은 의심의 여지가 거의 있을 수 없다. 그러한 신화는 바울이나 사도들에 의해 전파된 말씀에서는 발견되지 않는다.

성경에서는 분명하게 마리아가 "영원한 처녀"가 아닐 뿐 아니라, 정결례가 필요한(레 12장) 더러운 죄인(눅 2:22)이며, 다른 죄인들처럼 구주가 필요했다고 말씀하고 있다(눅 1:47). 또한 그리스도 자신의 탄생을 위해 마리아를 사용하신 하나님께서 보존하신 기록된 말씀을 살펴보면(눅 1:35), 예수 그리스도께서는 단 한 번도 마리아를 "어머니"라고 부르지 않으셨으며, 다만 "여인"으로만 언급하셨을 뿐이다(요 2:4; 19:26). 이로써 마리아가 예수님의 어머니이기 때문에 하나님보다 더 자비로운 모습으로 기도를 더 잘 들어줄 수 있을 것이라는 카톨릭의 순진무구한(?) 생각은 여지없이 깨지는 것이다.

또 누가복음 11:27,28에서 『**당신을 낳은 태와 당신을 먹인 젖이 복이 있나이다.**』라고 한 여인이 목청을 높여 주께 말씀드릴 때 『**정녕 하나님의 말씀을 듣고**

그것을 지키는 사람들이 오히려 복이 있느니라.』라고 하시며 예수님께서 그 여인의 말을 정정하셨다. 이 마리아야말로 성경에서 이야기하는 "마리아"이며, 모든 교황, 추기경, 신부, 주교, 대주교, 수녀, 예수회, 수도사, 카톨릭 교인들에게는 생소한 "마리아"인 것이다.

3. 마리아는 영원히 처녀로 남지 않았다.

마리아의 "영원한 처녀성"에 대해서 성경이 지적하시는 바를 좀 더 자세히 살펴보자. 성경은 분명히 마리아에게 예수 그리스도의 형제들과 누이들이라고 불린 자녀들이 있었음을 이야기하고 있다(막 6:3). 분명히 이들은 예수님의 "친척"이나 "사촌"으로는 불리지 않았다. "사촌"이라는 단어는 누가복음 1:36에서 누가가 사용하고 있는데, 이것은 마가복음 6:3처럼 "형제"나 "누이"를 의미하는 것으로는 사용되지 않았다. 주님에게는 네 명의 형제들이 있었고, 이들 중 한 명인 야고보는 열두 사도들과는 별도로 주님의 부활 후 특별한 계시를 받기도 했다(고전 15:7). 그는 갈라디아서 1:19에 "주의 아우"로 언급되어져 있다. 이 사람이 주의 형제였다는 사실은 매우 중요한데, 이는 로마카톨릭뿐만 아니라 모든 배교한 보수주의와 근본주의 학자들(1801-1900)이 사람들에게 "주의 사촌"이었다고 믿게끔 고군분투하고 있는 바로 그 주인공이기 때문이다.

성경에는 세 명의 "야고보"가 등장하는데 주의 형제 야고보(갈 1:19)와, 세베대의 아들 야고보 그리고 알패오의 아들 야고보(마 10:1-4)가 그들이다. 주님께서 "형제"를 가지셨다는 것을 인정할 수 없는 카톨릭은 갈라디아서 1:19의 야고보는 주의 사촌 야고보이며 진짜 형제가 아니라고 주장을 한다. 그들은 "형제"도 "사촌"으로 보아야 한다고 주장하며, "형제"라는 단어는 통칭적인 단어임을 주장한다. 그러나 같은 것이 아닌 것은 분명히 다른 것이다. 주의 형제인 이 야고보는 그의 다른 형제들처럼 그리스도를 거절하다가(요 7:5) 후에 성도가 되었다

(고전 15:7). 고린도전서 15:7의 "그 후에 야고보에게 보이셨고, 그 후에는 모든 사도에게"에서 야고보는 바로 주의 형제인 야고보이며, 사도(사도 야고보 두 명을 포함해서)들은 따로 언급되고 있다. 로마카톨릭은 이 사실을 숨기고자 주의 형제 야고보를 사도들 중에 있는 세베대의 아들 야고보와 동일시하여 그를 사촌으로 만들고 있는데, "위대한 근본주의자"인 C.I. 스코필드까지도 카톨릭의 이러한 누룩에 물들고 말았다.

시편 69:8은 "내 형제들"이 곧 "내 모친의 자녀들," 즉 사촌이나 친척이 아니라 친형제들이라는 것을 분명히 보여 준다. 성경은 로마카톨릭의 교리가 얼마나 비성경적이고 변개된 교리이며, 그들이 거짓말쟁이임을 신약(막 6장)과 구약(시 69편)에서 함께 증명하고 계신다. 그들의 망상에 펀치를 가하는 명쾌한 하나님의 답을 보라. 『**그녀가 첫아들을 낳기까지 그녀를 알지 아니하였다가 낳으니 그의 이름을 예수라 하더라**』(마 1:25). 『**첫아들**』은 이후에 마리아가 다른 자녀들을 낳았음을 말해 주고 있다. 마리아의 처녀성을 주장하며 "하늘의 여왕"으로 마리아를 숭배하고 있는 이들에 대해 바울 사도는 로마서 16:17,18과 빌립보서 3:17-20에서 잘 지적하고 있다. 『**형제들아, 내가 너희에게 권고하노니 너희가 배운 교리에 역행하여 분열을 일으키고 공박하는 자들을 주의하고 그들에게서 떠나라. 그러한 자들은 우리 주 예수 그리스도를 섬기는 것이 아니라 자기들의 배를 섬기는 것이니 정중한 말과 그럴듯한 언변으로 순진한 사람들의 마음을 미혹하느니라**』(롬 16:17,18).

지극히 평범한 죄인 마리아

성경에 등장하는 예수님의 모친 마리아는 아담과 이브의 모든 자손들처럼 지극히 평범한 죄인이었다. 그녀는 예루살렘에서 아기 예수님께 할례를 행해야 했을 때, 율법에 기록된 대로 그녀의 정결례를 위한 "속죄제"에 합당한 제물을 가지고 나아갔다(눅 2:24, 레 12:1-8). 여느 죄인들처럼 마리아도 구주가 필요한 죄인이었는데, 그녀는 이 부분을 시인했다(눅 1:46,47). 침례인 요한의 모친 엘리사벳이 마리아를 만났을 때, 그녀는 마리아를 "하나님의 어머니"라고 부르지 않고 『**내 주의 모친**』(눅 1:43)이라고 불렀다. 두 호칭 간에는 분명한 차이가 있다. "삼위일체 하나님"으로서의 예수님께서는 영원 전부터 계시기 때문에 누가 낳지 않아도 되는 분이시지만(미 5:2), "인간"으로서의 예수님은 처녀인 마리아의 몸 안에서 성령 하나님을 통해 그 몸이 형성되셔야 했던 것이다(눅 1:35). "예수"는 인간으로서의 이름이라는 것을 알고 있는가?

마리아는 천사 가브리엘이 그녀에게 와서 했던 말에 근거해서 『**이제부터는 모든 세대가 나를 복받은 사람이라고 부르리라.**』(눅 1:48)라고 말했다. 마리아가 그렇게 추론한 것은 합리적인 판단이었다. 하지만 어떤 사람이 실제로 그렇게 말했을 때에는 예수님께서 그 말을 바로잡아 주셨다(눅 11:27,28). 즉 하나님의 말씀을 듣고 그것을 지키는 사람은 누구든지 마리아보다 더 복이 있다고 말씀하셨던 것이다.

예수님께서 열두 살이 되셨을 무렵, 요셉과 마리아는 유월절과 무교절의 관례에 따라 자녀들을 데리고 예루살렘에 올라갔다가 절기를 마치고 돌아오는 길에 예수님을 잃어버리고 말았다(눅 2:41-52). 어떻게 "하나님의 어머니"란 존재가 자기 아들 하나 제대로 챙기지 못하는가? 자신의 아이조차 길에서 잃어버린 전력을 가진 마리아에게 기도하면 과연 기도 응답을 받을 수 있을까? 자기 아들을, 그것도 특별한 아들을 길에서 놓쳐 버렸을 정도인데, 자기에게 기도하는 사람들의 모든 기도 내용을 마리아가 놓치지 않고 다 기억할 수 있다고 어떻게 장담할 수 있겠는가? 그럼에도 이 땅에는 그렇게 어리석은 가톨릭교도들이 약 13억 명이나 살고 있다.

"지극히 평범한 인간 여인" 마리아를 필요 이상으로 높이면서 예수님을 잃어버린 마리아에 대해 너무 나무라서는 안 된다. 왜냐하면 그녀는 인간과 하나님 사이의 "중보자"가 아니기 때문이다. 아이들을 키우다 보면 정신이 없을 때가 한두 번이 아니다. 예수님께서 열두 살이셨음을 감안하면, 당시 요셉과 마리아가 예수님 밑으로 2년 터울로 자녀들을 낳았다고 가정해도 이제 갓 태어난 신생아까지 포함해서 총 여섯 명의 자녀들을 충분히 낳을 수 있는 기간이다(막 6:3). 그렇게 보면 아무리 요셉이 잘 도와주는 남편이었다 할지라도 어딘가 먼 장소를 오갈 때(나사렛에서 예루살렘까지의 거리는 약 150km임), 예수님을 포함해서 일곱 명의 아이들을 데리고 여행하는 것은 쉬운 일이 아니다. 잠시 한눈을 팔아도 한 명의 아이 정도는 잃어버릴 가능성이 다분히 있는 것이다. 마리아도 인간이기에, 보통의 어머니들이 충분히 겪을 수 있는 일들을 당시에 겪었다는 것을 말하는 것이다. 마리아를 어떤 이유로든 인간보다 더 나은 존재로 불필요하게 높일 필요가 없다. 여느 어머니와 별반 차이가 없는 "평범한 죄인"이었음을 기억해야 한다.

예수님께서는 마리아를 단 한 번도 "어머니"라고 부르시지 않았다. 교황도 이러한 진리를 모른다. 예수님께서는 그분의 모친을 이방의 개로 여겨지는 "이방 여인"(마 15:22-28)이나 "마귀 들린 적이 있었던 여인"(눅 8:2, 요 20:15)을 부르듯이 『**여인이여**』(요 2:4; 19:26)라고 부르셨다. 마리아는 이렇게 부르시는 예수님을 나무라지 않았고, 제5계명(출 20:12)을 위반했다면서 정죄하지도 않았다. 특히 예수님께서는 십자가에 달리셨을 때도 그분의 어머니를 부정하시고 오히려 요한에게 마리아를 맡기셨다. 『**또 그 제자에게 말씀하시기를 "네 어머니를 보라!"고 하시더라. 그 시로부터 그 제자가 그 여인을 자기 집으로 모시고 가니라**』(요 19:27). 주님께서 마리아를 그렇게 대하신 것은 그때가 처음은 아니었다. 어떤 집에서 무리를 가르치고 계셨을 때도 주님께서는 『**누가 나의 모친이며 또 형제들이냐?**』(막 3:33)라고 말씀하셨던 것이다. 그때 역시 마리아가 그분의 모친임을 부정하신 것이다(막 3:34,35).

마리아에게서 배울 교훈들

1. 마리아는 하나님의 뜻에 순종했다.

마리아는 가브리엘이 소식을 전해 주었을 때, 『**주의 여종이오니 당신의 말씀대로 이루어지이다.**』(눅 1:38)라고 말하면서 주님의 뜻에 순종했다. 또한 그녀가 예수님께 할례를 행하려고 성전에 왔을 때 시므온은 그녀에게 『**칼이 또 네 자신의 혼을 찌름같이 되어**』(눅 2:35)라고 말했는데, 말하자면 하나님의 뜻에 순종하는 것이 단지 메시아를 낳는 것에만 국한되는 것이 아니었으니, 그것은 곧 그녀의 첫아들인 예수님께서 극심한 고통을 당하시다가 죽으시는 모습을 "어머니의 심정"으로 고통스럽게 지켜보아야 하는 것까지 포함하고 있었던 것이다. 로마카톨릭은 이런 것까지도 "성모성심"(聖母聖心)으로 곡해하여 마리아 숭배를 위해 이용했다. 마리아는 그녀의 "아들"이 죽기까지 수난당하는 것을 지켜보았다. 그녀는 예수님을 향해 조롱하고 모독하는 군중 속을 통과하여 갈보리까지 걸어가시는 예수님을 따라갔고, 벌거벗겨진 채로 십자가에 못박히셔서 그분의 모든 뼈가 어그러진 모습을 고통스럽게 지켜봐야 했다. 마리아는 여인으로서 엄청난 "마음의 고통"을 감내해야 했다. 자아에 대해서는 죽고 오직 하나님께 대해서만 살아야 했던 것이다. 오늘날 성인 남녀들 가운데 자신을 부인하는 일에 있어서 마리아를 따라올 수 있는 사람이 몇 사람이나 되겠는가?

2. 마리아는 "그리스도의 존귀하심"을 지켜 드렸다.

마리아는 예수님께서 성전에서 율법 박사들과 함께 있는 것을 보았을 때 『**네 아버지[요셉]와 내가 걱정하며 너를 찾았다.**』(눅 2:48)라고 말했는데, 요셉이 예수님의 "문자적인" 아버지가 아닌 것을(눅 1:30-35) 알면서도 그녀가 그렇게 말한 이유는 예수님이 "사생아"(요 8:41)로 불리시지 않게 하기 위해서였다. 성경을 믿고 자식들에게 예수 그리스도와 성경에 관해 가르쳐 주는 훌륭한 어머니를 둔 사람은 얼마나 복이 있는가! 존 웨슬리와 찰스 웨슬리의 어머니는 그들에게 어렸을 때부터 성경을 가르쳤다. 잭 하일스의 어머니는 그가 어렸을 때 매일 밤 잠자리에서 이렇게 따라하도록 시켰다. "성경은 하나님의 책이다! 하나님께서 이 책을 쓰셨다!" 그녀는 "그리스도의 존귀하심"을 아들 앞에서 드높였고, 결국 그것이 잭 하일스를 지켜 주었다. 한때 그는 존 R. 라이스를 비롯하여 기독교대학들과 친하게 지내려고 그의 믿음을 숨기기도 했지만, 훗날 난처한 상황에 직면하게 되자 다시 "어머니의 믿음"으로 돌아가서 〈킹제임스성경〉을 온전히 믿었고 그것을 무오한 하나님의 말씀으로 드높였다. 레스터 롤로프 목사는 성경을 그의 어머니에 빗대어 설교하기도 했다. 즉 테네시 템플에서 열린 미국 남부침례교친교회 모임에서 그가 마지막으로 설교했을 때 이렇게 설교했던 것이다. "나의 이 〈킹제임스성경〉을 공격하는 당신들은 마치 나의 어머니를 공격하는 자들 같소. 당신들이 나의 어머니를 칼로 공격한다면, 나 역시 당신들을 제대로 혼내 줄 것이오!"

3. 마리아는 어려운 일을 당해도 믿음을 잃어버리지 않았다.

예수님께서 공생애 사역을 시작하신 이래로 주님은 마리아의 아들로서의 면모를 보이지 않으셨지만, 마리아에게 있어서 예수님은 이러나저러나 본인의 첫 아들이었다. 자신의 아들이 사악한 자들에게 살해당한 일은, 정말이지 "한 어머니로서" 그 여인을 한계에 이르도록 몰아붙이는 엄청난 시험이었다. 그럼에도 불구하고 마리아는 그 시험을 통과했던 것이다.

1889년 펜실베이니아주 존스타운에서 발생한 대홍수로 인해 한 그리스도인 여인이 네 명의 자녀를 모두 잃었다. 그녀는 자식들을 살리기 위해 그들에게 물에 뜰 수 있는 "판자 조각" 같은 것들을 건네주었고, 그녀 자신은 아무것도 붙들지 못한 채 홍수에 떠내려갔다. 그러나 그 여인만 살아남고 자식들은 모두 익사하고 말았다. 그때 이 불쌍한 여인은 이렇게 말했다. "고향 버지니아로 돌아가서 마음을 정돈해야겠어요." 그녀에게는 예수 그리스도를 믿는 믿음만이 가져다줄 수 있는 견고함이 있었다. 그러나 그녀의 말을 통해 그녀가 얼마나 큰 내적 고통을 겪었는지를 짐작하고도 남는다.

4. 마리아는 사람들에게서 존경을 요구하지 않았다.

성경에서 마리아가 마지막으로 언급되고 있는 곳은 그녀가 다른 여인들과 함께 다락방에서 기도하던 때였다. 당시 그녀는 120명의 제자들 중에 섞여 있었는데(행 1:13-15), 그들 가운데 어느 누구도 마리아를 신경 쓰지 않았고, 그들을 위해 아들 하나님께 중보해 달라고 간구하지도 않았다. 마리아 역시 그런 식의 요구를 하지 않았다.

교회 안에서 "사모"랍시고 설치는 여인들을 본 적이 있는가? 그 여인들이 "돕는 자"로서 자기 남편의 사역에 헌신하고 이바지하는 일은 가히 칭찬할 만하다. 그러나 하나님께서 사역자로 부르신 사람은 자기 남편이지, 자신이 아니다. 사역자는 하나님께서 부여하신 영적 권위에 따라 하나님께서 높이셨을 뿐, 그리스도의 몸 된 지체들을 "섬기는 사람"(minister)이지 섬김을 받아야 하는 사람이 아니다. 긴 옷을 입고 다니기를 좋아하며, 시장에서는 인사받기를, 회당에서는 가장 높은 자리를, 잔치에서는 가장 좋은 자리를 좋아하는 자들은 하나님께 인정받기보다는 사람들의 호감을 사고, 사람들에게서 인정받으려고만 할 뿐이다. 과부들의 집을 삼키며 남들에게 보이고자 길게 기도하는 자들은 결국 더 큰 저주를 받게 될 것이다(눅 20:46,47). 사역자에게 있어서 가장 큰 저주는, 하나님께서 자신에게 부여하신 사역을 더 이상 수행할 수 없다는 것이다. 특히나 자기 가족들의 육신적인 문제로 인해 강단에서 내려와야 한다면 그보다 더 수치스러운 일은 없다. 성경에 등장하는 "신실한 여인들"은 먼 과거에 살았음에도, 현대 그리스도인들에게 이러한 점들을 주지시켜 주고 있다. 『**무엇이든지 전에 기록된 것은 우리의 교훈을 위하여 기록된 것이니**』(롬 15:4).

■ 새롭게 깨달았거나 적용할 내용이 있다면 적어 보세요. ■

NOTES

NOTES

제3과
신실한 기도의 여인들

『한나가 대답하여 말하기를 "나의 주여, 아니옵니다. 나는 슬픈 영을 지닌 여자라, 내가 포도주나 독주를 마신 것이 아니요, 다만 **주** 앞에 내 혼을 토로한 것이니이다』(삼상 1:15).

기도의 동역자

기도는 성도가 행하는 지극히 거룩한 행위들 중의 하나이다. 기도, 묵상, 찬양, 예배, 교제는 모두 가볍게 생각해서는 안 되는 지극히 거룩한 영적인 행위들이다. 특히 기도는 하나님께 무릎으로 나아가는 경배이며, 믿음으로 자신을 드리는 제사이다. 기도를 통해 성도는 거룩하신 하나님의 뜻에 자신을 맞추며, 자기 자신의 유익보다는 하나님의 영광을 먼저 구해야 한다. 믿음이 없이는 하나님을 기쁘시게 할 수 없으므로, 성도는 믿음으로 드리는 기도를 통해서만 하나님과 바른 관계를 유지할 수 있다.

올바른 기도를 통해서 바른 하나님과의 관계를 유지하지 못하고 있는 성도는 기도를 통해서 하나님께 영화롭게 해 드리지 못하고 있는 것일 뿐만 아니라, 기도를 통해서 받을 수 있는 모든 영적인 복과 물질적인 복과 건강의 복을 누릴 수 있는 통로를 갖지 못한 것이다. 이러한 삶은 결코 간증 있는 삶이 될 수 없다.

만약 어떤 성도에게 올바른 기도 생활을 하는 기도의 동역자가 있다면, 그래서 그 동역자가 기도로 늘 그 성도를 돕고 있다면, 그는 하나님 안에서 얻을 수 있는 가장 좋은 것을 얻은 것이다. 인생이라는 긴 항해에서 위기의 때에 보호받고, 하나님의 일을 할 때에 모든 위험으로부터 보호받는 확실한 안전장치를 가진 것이기 때문이다. 그렇기에 우리 자신도 하나님께 응답받는 중보 기도를 통해 다른 신실한 성도의 동역자가 되어야 할 것이다.

성경에 나오는 신실한 기도의 여인들

1. 서원하고 복을 받은 한나

『그녀가 마음이 비통하여 주께 기도하고 심히 울더라. 그리고 그녀가 서원하며 말하기를 "오 만군의 주여, 주께서 참으로 주의 여종의 고통을 보시고 나를 기억하시며, 주의 여종을 잊지 아니하시고 주의 여종에게 사내 아이를 주시면, 내가 그의 평생 동안 그를 주께 드리고 그의 머리에 삭도를 대지 아니하겠나이다." 하더라』(삼상 1:10,11).

한나가 살았던 재판관기 마지막 때에는 『**그 당시에 이스라엘에 왕이 없었으니 사람마다 자기 눈에 옳은 대로 행하였더라.**』(판 21:25)라는 말씀처럼 사람들이 자기 눈에 옳은 대로 행하던 때였다. 하물며 제사장 엘리의 아들들이 성막에서 제사장으로 섬겼는데, 그들은 주를 알지 못하였으며(삼상 2:12), 주께 드리는 제물을 멸시했다(삼상 2:17). 그들은 회중의 성막 문에 모인 여인들과 동침한 것으로 엘리의 책망을 들었으나 돌이키지 않았다(삼상 2:25). 엘리의 아들들은 하나님을 두려워하지 않았을 뿐만 아니라, 기본적인 도덕성마저 황폐해져 범죄하고 있었던 것이다.

시대의 악한 풍조에도 불구하고, 하나님께 경배하고자 하는 사람들도 있었는데, 엘카나도 그런 사람들 중의 하나였다. 그는 매년 실로에 계신 만군의 주께 경배하고 제사를 드렸다(삼상 1:3). 엘카나에게는 "한나"와 "프닌나"라는 두 아내가 있었는데, 프닌나는 자녀들이 있었으나, 한나는 불임이었다. 엘가나는 한나에게 잘 대해 주었으나, 프닌나는 한나를 괴롭히고 격분시켰다. 이로 인해 한나는 마음에 큰 고통을 가지고 있었으며, 자기 자신의 표현대로 『**슬픈 영을**

지닌 여자』(삼상 1:15)일 수밖에 없었다.

한나는 자신의 『**원통함과 슬픔**』(삼상 1:16)을 가지고 주께 나아가서 자신의 『**혼을 토로**』(삼상 1:15)하고, 사내아이를 주시면 그 아이를 주님께 드리겠다고 서원했다. 서원에 경청하신 하나님께서는 한나에게 사내아이를 주셨으며, 한나는 아이 이름을 사무엘이라 짓고, 아이가 젖을 떼자 약속대로 성막으로 데려와 주께 바쳤다. 그때부터 사무엘은 엘리 앞에서 주님을 섬겼다. 한나는 매년 주님께 희생제를 드릴 때, 사무엘의 겉옷을 만들어 가져다주었으며, 하나님께서는 한나에게 세 아들과 두 딸을 더해 주셨다.

여기서 한나는 서원을 했고, 그 서원을 들어 주신 하나님께 서원의 약속을 지킨 후 더 큰 복을 받았지만, 서원을 했기 때문에 복을 받았다기보다는 진실한 마음으로 하나님께 나아갔고, 그 진실한 마음을 아신 하나님께서 그 소원을 들어 주시고 복을 주셨다고 생각하는 것이 더 올바른 해석이다. 반면에 조용히 골방에서 기도하면서도 하나님 앞에서 가식적인 태도를 버리지 못하는 성도는 성령 하나님을 슬프시게 한다는 것을 기억해야 한다.

2. 기도로 섬긴 여선지자 안나

『아셀 지파 파누엘의 딸인 안나라고 하는 여선지자가 있었는데, 나이가 매우 많더라. 그녀가 결혼하여 칠 년을 남편과 함께 살았고, 과부가 된 지 약 팔십사 년이 되었으나, 성전을 떠나지 않고, 밤낮 금식과 기도로써 하나님을 섬기더라. 마침 같은 시간에 그녀가 와서 주께 감사를 드리고, 예루살렘에서 구속을 기다리는 모든 사람에게 그 아기에 관하여 말하더라.』(눅 2:36-38).

안나는 여선지자였는데, 성전에서 금식과 기도로 하나님을 섬겼다. 누가복음

2:25-35에서 이스라엘의 위로를 기다리고 있던 시므온이 성령에 의하여 성전으로 들어와서 하나님을 송축하고 예수 그리스도에 관해 예언할 때, 마침 같은 시간에 그녀가 와서 주께 감사를 드리고, 예루살렘에서 구속을 기다리는 모든 사람에게 그 아기에 관하여 말했다(눅 2:38).

성전은 많은 사람들이 오가는 곳으로서, 제사장들의 공식적인 업무 외에도, 성전을 거룩하고 깨끗하게 유지하고, 먼 곳에서 하나님께 경배드리러 오는 사람들을 돕기 위해 자원하는 손길들이 있었음을 알 수 있다. 하나님의 일을 위해 자원하고 봉사하는 일도 역시 하나님의 일이므로 그 일들을 수행하는 데에는 기도가 필요하다는 사실을 알 수 있다.

3. 합심하여 함께 기도한 여인들과 예수의 모친 마리아

『이들 모두가 여인들과 예수의 모친 마리아와 주의 형제들과 더불어 하나가 되어 기도와 간구에 전념하더라』 (행 1:14).

사도행전 1:14의 상황은 예수 그리스도께서 승천하시기 직전에 『**그러나 성령께서 너희에게 임하시면 너희가 능력을 받으리니 그러면 예루살렘과 온 유대와 사마리아와 땅 끝까지 이르러 내게 증인이 되리라.**』(행 1:8)라고 하신 말씀에 따라 성령 강림을 기다리며 모두가 합심하여 함께 다락방에서 기도하고 있는 상황이다.

교회가 하나님의 사역을 위해 공동의 목표를 가지고 있을 때, 합심하여 기도하는 것은 너무나 당연하다. 신실한 성도들은 개인의 필요뿐만 아니라, 다른 성도의 필요를 위해, 교회의 공동의 필요를 위해 기도한다. 또한 『**두세 사람이 내 이름으로 함께 모이는 곳에는 나도 그들 가운데 있느니라.**』(마 18:20)라는 말씀에 따라 공동의 목표를 가지고 함께 모였을 때, 예수 그리스도께서 그곳에 반드시 임재하신다는 것을 기억하여야 한다.

성경에서 어떤 여인이 기도했다는 기록이 있는 곳을 모두 살펴보면, 개인적인 필요와 섬김을 위해 기도했고, 교회의 공동의 목표를 위해 합심하여 기도한 것을 알 수 있다. 그러나 이것은 여인에게만 한정되는 것이 아니라, 성도라면 누구라도 개인적인 필요뿐만 아니라, 섬김과 교회의 공동의 목표를 위해 기도해야 한다.

■ 새롭게 깨달았거나 적용할 내용이 있다면 적어 보세요. ■

교회사 속에서 빛나는 기도의 여인들

1. 친첸도르프의 외할머니

모라비안 교회의 지도자가 되어 10년 동안 100명의 선교사를 세계 곳곳으로 파송한 니콜라우스 루트비히 폰 친첸도르프 백작(Nikolaus Ludwig, Reichsgraf von Zinzendorf und Pottendorf, 1700-1760)은 카톨릭으로 개종하지 않고 루터파 신앙을 지키기 위해 남부 오스트리아로부터 독일로 망명한 귀족 집안의 후예이다. 당시 친첸도르프 백작은 경건한 부모에게서 태어났으나, 그의 출생 직후에 부친이 세상을 떠났다. 그는 어렸을 때부터 경건주의 운동의 지도자인 필립 야코브 슈페너(Philip Jacob Spener), 아우구스트 헤르만 프랑케(August Hermann Franke)의 열렬한 지지자였던 외할머니 헨리타 카타리나 폰 게르스도르프 남작 부인(Henrietta Catharina, Baroness von Gersdorff, 1648-1726)의 영향을 받으면서 성장하였다. 그는 할머니에게서 날마다 기도하는 법과 기

모라비안 교회 공동체 "헤른후트"와 친첸도르프 백작

도하면서 주님과의 대화하는 법을 배웠으며, 슈페너도 자주 친첸도르프의 집을 방문하여 어린 친첸도르프에게 성경적인 진리와 교훈으로 많은 영향을 미쳤다고 한다. 이런 이유로 친첸도르프는 어릴 때부터 하나님의 사역에 대해 많은 관심을 가지게 되었다.

외할머니 헨리타의 좌우명은 "기도하고 믿고 조용히 기다리라. 하나님께서 부르실 때, 십자가도 고된 일도 피하지 말라."였다. 친첸도르프는 외할머니에 대하여 다음과 같이 기록하고 있다. "나는 나의 원리들을 할머니께 얻었다. 할머니의 영향이 없었다면, 우리의 사역은 이루어지지 못했을 것이다. 할머니는 구세주가 관심을 가졌던 세상에 있는 그 모든 일에 관심을 보여 준 사람이었다. 할머니는 종파 간의 차이에 대해서는 잘 알지 못하셨지만, 할머니의 마음은 이웃에 대한 생각으로 가득 차 있었다." 이렇듯 외할머니로부터 받은 영향은 그 이후에 그가 전개한 모라비안 공동체 사역에 지대한 영향을 끼쳤다.

2. 존 번연의 아내

〈천로역정〉의 저자 존 번연(John Bunyan, 1628-1688)은 영국 베드포드주의 엘스토우에서 가난한 땜장이의 아들로 태어났다. 하나님과 무관한 삶을 살

던 존 번연이 하나님을 향하게 된 것은 20세 되던 해 경건한 아내 메리를 맞아 가정을 이루면서부터였다. 그들의 살림살이는 식사 도구 같은 것도 제대로 갖추지 못할 정도로 궁핍했으나, 아내의 경건한 인격과 행동은 번연에게 깊은 영향을 끼쳤다. 아내는 아더덴트의 〈천국을 향한 성도의 길〉과 루이스 베일러가 쓴 〈경건의 실천〉이라는 장인의 유품을 그에게 읽어 주곤 했

다. 존 번연은 경건한 생활을 하며 남편을 위해 많은 노력을 기울이는 신실한 아내를 둔 덕분에 구원받았다.

존 번연은 사역 중 메리와 사별하였고, 그 후 만난 둘째 아내 엘리자베스는 베드포드 타운 브리지에서 가장 가까운 건물인 스완 호텔 앞에서 번연이 수감된 곳을 바라보며 남편의 석방을 위해 기도했다고 한다. 〈천로역정〉은 감옥 생활 중에 저술된 작품이다.

3. 허드슨 테일러의 어머니와 누나

허드슨 테일러(Hudson Taylor, 1832-1905)의 구원 이야기는 유명하다. 하루는 지루함을 잊기 위해 아버지 서가에서 책을 꺼내 읽고 있었다. 그 책에서 "그리스도께서 다 이루어 놓으신 일"이라는 표현을 접하고는 "왜 그리스도께서 죄를 속하시고 화목 제물이 되셨다는 표현을 쓰지 않고 이런 표현을 썼을까?"라는 생각을 하게 되었다. 이 문구를 깊이 생각하던 소년은 "완전하고 영원한 속죄함"의 진리를 깨닫고 예수 그리스도를 영접함으로써 구원받게 되었다. 그날 그 시각에 허드슨 테일러와 멀리 떨어져 있던 그의 어머니가 그의 구원을 위해 열렬히 기도하고 있었고, 아들이 구원을 받았다는 확신과 함께 기쁨과 평안을 얻었다.

2주일 후 자신이 구원받은 기쁜 사실을 어머니께 빨리 알리고 싶었던 허드슨 테일러가 집으로 돌아오는 어머니를 맞으러 제일 먼저 맞이했을 때, 어머니가 먼저 "네가 말하려는 그 기쁜 소식 때문에 나는 벌써 2주간이나 기뻐하고 있단다."라고 말했다고 한다.

그리고 얼마 후 허드슨 테일러는 또 한 번 크게 놀라는 경험을 하게 된다. 자기 것으로 알고 펼친 누나의 공책에서 누나가 남동생인 허드슨이 구원받을 때까지 하루도 거르지 않고 하나님께 간구하기로 작정했다는 내용의 글을 읽은 것이었다.

허드슨 테일러의 구원과 사역의 배후에는 기도하는 어머니와 누나라는 능력 있는 기도의 지원병이 있었던 것이다.

4. 찰스 스펄전의 어머니

찰스 스펄전(Charles Spurgeon, 1834-1892)은 영국 남부 에섹스주에서 태어났다. 그가 태어난 집안은 1568년부터 12대에 걸쳐 전통적인 청교도 신앙을 지켜 왔다. 그의 할아버지와 아버지는 청교도 목사였다.

어느 주일 아침 당시 순회 설교자였던 찰스의 아버지는 자신이 자기 자녀들을 잘 돌보지 못했다는 자책감에 사로잡히게 되었다. 이러한 생각으로 마음의 무거움을 해결하지 못한 채 집으로 돌아왔는데, 그때 그는 아내의 기도를 들었다고 한다. "나는 큰 방에 아이들이 하나도 없어서 깜짝 놀라 2층으로 올라갔다. 그때 아내는 아이들의 이름을 일일이 불러 가면서 기도를 하고 있었다. 특히 찰스의 순서가 되자 더욱 각별히 기도를 했다." 그의 아내가 진지한 기도로 신실하게 자녀들을 양육하고 있었던 것이다.

찰스 스펄전는 이후로도 16세가 될 때까지 방황하는 청소년기를 겪었으나, 16세에 구원받은 이후에는 신실한 그리스도인 사역자의 삶을 살았다. 그의 구원과 신실한 사역 뒤에는 항상 어머니의 기도가 있었다.

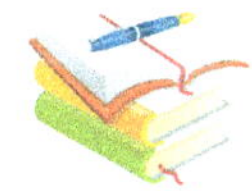

경건한 삶을 살고 있었으나, 여전히 구원받지 못하고 있었던 찰스 스펄전은 16세가 되는 해인 1850년 1월 6일 주일 아침 심한 눈보라로 길이 막혀 집 근처 작은 예배당에 예배를 드리러 갔다. 거기에 20여 명이 모여 있었고, 거기도 눈보라로 목사가 나오지 못한 상태였다. 교회의 평범한 성도로 보이는 사람이 대신 강단에 올라가 설교를 했는데, 설교 본문은 『**땅 끝들에 있는 모든 자들아, 나를 쳐다보고 구원을 받으라. 이는 내가 하나님이요, 다른 이가 없음이니라.**』(사 45:22)였다.

설교자는 이렇게 설교했다. "친애하는 여러분. 이 말씀은 매우 간단합니다. 성경은 우리에게 쳐다보라고 하셨습니다. 쳐다보는 것은 결코 어려운 일이 아닙니다. 우리가 어떤 것을 보기 위해서 한 다리를 들거나, 손가락을 움직일 필요가 있습니까? 아닙니다. 그저 보기만 하면 됩니다. 우리는 보는 방법을 배우기 위해 대학 같은 곳에 다닐 필요도 없습니다. 어린아이도 볼 수 있습니다. 그런데 여러분은 모두 자기 자신만을 쳐다봅니다. 쳐다봐 봐야 아무 소용도 없는 자기 자신을 쳐다본다고 자신의 문제가 해결됩니까? 결코 그렇지 않습니다. 예수님을 보십시오. 지금 당장 예수님을 쳐다보십시오. '나를 쳐다보라! 나는 십자가에 달렸다. 나를 쳐다보라! 나는 핏방울을 떨어뜨리고 있다. 나를 쳐다보라! 나는 죽어 장사되었다! 나는 다시 살아났다. 나는 승천했다. 나는 아버지 오른편에 앉아 있다. 나를 쳐다보라! 나를 쳐다보라!' 그리스도께서는 이렇게 말씀하고 계십니다."

여기까지 말한 설교자는 강당 바로 앞에 앉아 있던 스펄전에게 물었다. "청년이여! 그대는 왜 그리 가련한 모습을 하고 있소? 지금 이 말씀에 순종하면 당신은 구원을 받을 수 있소! 청년이여! 예수님을 쳐다보시오! 지금 쳐다보시오!" 스펄전은 깜짝 놀라 자리에서 반쯤 일어섰다. 이날 스펄전은 구원받았다.

성경과 교회사 속에서 빛나는 신실한 기도의 여인들을 만나는 것은 물론 신선하고 흥미진진한 일이다. 그러나 그들을 칭찬만 하는 것은 우리의 삶에 아무런 도움도 되지 않으며, 우리가 그들의 믿음에 관해 숙고한 것들을 단순한 에피소드로 만들어 버리는 것이다.

그토록 신실한 여인들이 바라보았던 바로 하나님 아버지와 그분의 아들이신 우리 주 예수 그리스도를 바라보며 기도로 무릎 꿇지 않는다면, 우리에게는 아무것도 남는 것이 없게 된다.

신실한 그리스도인들이 진지한 기도로 하나님께 다가가 자신과 성도와 교회의 모든 필요를 공급받았듯이, 우리도 진지하게 하나님 앞에 무릎 꿇고 모든 필요를 공급받음으로써, "그리스도인은 모든 필요를 기도로 공급받는다"는 진리를 스스로 입증하는 성도가 되어야 할 것이다.

■ 새롭게 깨달았거나 적용할 내용이 있다면 적어 보세요. ■

NOTES

NOTES

제4과
향유 옥합을 깨뜨린 베다니의 마리아

『마리아가 매우 값진 감송향유 한 리트라를 가지고 와서 예수의 발에 붓고 자기의 머리카락으로 그의 발을 닦으니, 그 집이 향유 냄새로 가득 차더라』(요 12:3).

향유 옥합을 깨뜨린 베다니의 마리아

향유가 든 옥합을 깨뜨린 베다니 마리아의 이야기는 마태복음 26:6-13, 마가복음 14:3-9, 요한복음 12:1-8에서 각각 언급된다. 누가복음 7장에서도 주님의 발에 향유를 붓는 한 여인의 이야기가 나오는데, 이 여인은 베다니의 마리아가 아니며 7장에서의 일 또한 베다니에서 일어났던 일과는 다른 별개의 일이다.

세 복음서 중 요한복음 12장에서는 베다니에서의 일들을 아름답게 서술하면서 시작하고 있다. 죽었는데 주님께서 살려내신, 예수님께서 사랑하시는 나사로가 주님과 함께 식탁에 앉아 있다. 그리고 마르다는 주님을 위하여 분주히 움직이며 식사 준비를 하고 있다. 그런데 마리아가 감송 향유를 주님의 발에 붓고 머리카락으로 발을 씻겨 드리면서 암울한 분위기가 조금씩 대조되기 시작한다. 예수 그리스도께서 십자가에서 처형되실 날이 다가오고 있기 때문이다. 마리아는 그 자리에서 주님의 죽으심에 대해 가장 정확히 알고 있었던 사람이었다. 그리고 그런 마리아가 행했던 일들에서 우리는 신실한 여인의 모습을 엿볼 수 있다.

■ 새롭게 깨달았거나 적용할 내용이 있다면 적어 보세요. ■

베다니에서 일어났던 일들

1. 일들이 벌어진 때와 장소

베다니에서의 일들은 마르다와 마리아의 집이 아닌 문둥병자 시몬의 집에서 일어났다(마 26:6, 막 14:3). 이 시몬은 누가복음 17:12-19에서 예수 그리스도께서 고쳐 주신 열 명의 문둥병자 중 유일하게 다시 돌아와 감사를 드렸던 그 문둥병자로 추정된다.

마태복음에서는 베다니에서의 일들이 『**너희가 이틀 후면 유월절인 것을 아나니, 그러면 인자가 넘겨져 십자가에 못박히리라.**』(마 26:2)라고 말씀하신 이후에 나오고 있으며, 마가복음에서도 『**이틀 후면 유월절과 무교절이라.**』(막 14:1)라고 말씀하신 이후에 베다니에서의 일들이 벌어지고 있다. 그래서 혹자는 주님께서 십자가에서 돌아가시기 전날인 화요일 저녁에 이 일들이 벌어졌다고 말하거나 혹은 요한복음 12장의 일과는 별개의 일로 여기기도 한다. 그런데 이는 모두 잘못되었다. 마태복음과 마가복음은 요한복음과 동일한 상황을 기록한 것이다. 그렇기에 베다니에서의 일들은 유월절 엿새 전에 벌어진 일들이다(요 12:1). 마태복음과 마가복음에서는 베다니에서의 일들이 주님의 죽으심과 장사 되심을 효과적으로 알려 줄 수 있는 일들이었기 때문에 일종의 삽입절로서 위치하게 된 것이다.

2. 감송향유 옥합을 깬 마리아

예수 그리스도와 열두 제자들의 방문은 마르다와 마리아의 마음을 분주하게 만들었을 것이다. 그런데 마르다는 시중을 들었고 마리아는 주와 함께 식탁에 앉았다(요 12:2). 그리고는 향유가 든 옥합 곧 감송향유가 든 옥합을 가지고 나와서 그 병을 깨뜨려 주님의 머리에 붓고(마 26:7, 막 14:3) 또 발에도 붓는다(요 12:3). 특히 주의 발에 부었을 때는 헝겊으로 된 수건으로 닦지 않고 자신의 머리로 주의 발을 닦았는데 이로써 헝겊이 향유를 흡수하지 않아 그 향이 온 집안을 가득 채운 것을 볼 수 있다(요 12:3).

3. 불만을 터뜨린 유다 이스카리옷과 주님의 책망

요한복음 12:4,5에서는 유다 이스카리옷이 이 일에 불평했다. 그런데 마가복음 14:4에서는 그들 가운데 몇몇 사람이, 마태복음 26:8에서는 주의 제자들이 분노하고 또 화를 내며 말했다고 말한다. 돈주머니를 맡았던 유다 한 사람의 불평이 몇몇 사람들에게로 옮겨졌고 급기야 주의 제자들이 그 불평에 감염된 것이다. 유다는 가난한 사람들에게 돈을 나눠 주지 못한 것에 대해 불평하고 분노하며 화를 내었던 것이 아니었다. 도둑으로서 돈주머니를 맡아 그 안에 넣은 것을 가지고 다니기 때문이었다. 하지만 예수 그리스도께서는 그런 유다를 책망하시면서 그녀는 장례 날을 위해 이 향유를 간직해 두었던 것이라고 말씀하신다. 아울러 너희가 그렇게 중요시하는 가난한 사람들은 너희와 함께 있을 것이지만 주님께서는 항상 너희와 함께 있지 않으실 것에 대해 이제 곧 십자가에서 처형되실 것에 관해 말씀하신다(요 12:6,7).

■ 새롭게 깨달았거나 적용할 내용이 있다면 적어 보세요. ■

마리아에게서 볼 수 있는 신실한 여인의 모습

1. 경청하고 같은 마음을 품는 모습

마태복음 16장에서 예수 그리스도께서는 『**자기가 예루살렘에 가야 될 것과, 장로들과 선임 제사장들과 서기관들로부터 많은 고난을 받아야 될 것과 죽임을 당할 것과, 셋째 날에 다시 일으켜질 것**』(마 16:21)에 대해 알려 주시기 시작한다. 그러자 베드로는 주를 붙들고 말리기 시작했다. 이에 주님께서는 『**사탄아, 내 뒤로 물러가라.**』(23절)라고 말씀하셨다. 이는 베드로가 주님의 말에 경청하지 않고 하나님의 일을 생각지 아니하여 주님과 같은 마음을 품지 않고 인간의 일들을 생각했기 때문이다. 이후에 주님께서 자신이 십자가에서 죽으실 것과 셋째 날에 다시 살아날 것에 관해 다시 말씀하셨는데, 그때 "천둥의 아들들"이라는 뜻을 가진 "보아네게"라는 별명을 주셨던 세베대의 아들 야고보와 요한은 주의 왕국에서 자신들을 각각 주의 오른편과 왼편에 앉게 해 달라고 요청했다(마 20:17-23, 막 10:32-40). 주님께서는 자신이 십자가에서 처형될 것에 관해 말씀하시는데 열두 제자들 중에서 핵심 멤버였던 세 명의 제자들이 모두 자기 자신만의 생각과 안위를 내보이고 또 염려했던 것이다.

하지만 베다니의 마리아는 달랐다. 그녀는 예수 그리스도께서 이제 곧 십자가에서 처형되실 것을 알았다. 마리아가 주님에 관해 많은 것을 알 수 있었던 것은 그녀가 예수 그리스도를 대할 때마다 그분의 발 앞에 앉아서 주의 말씀에 귀를 기울였기 때문이다(눅 10:39). 그래서 예수 그리스도께서는 그녀가 미리 알고 주님의 장사를 위해 이 향유를 준비했다고 말씀하시는 것이다. 이처럼 마리아는 주님께서 죽으실 것에 관해 말씀하실 때 그 말씀을 경청했고 또 마음에

품었던 것이다.

사실 사람들은 모두 자기 본위적이어서 자기가 중심이 되어 자기 자신만을 생각하게 되어 있다. 그래서 베드로와 야고보와 요한과 같은 모습을 쉽게 드러내기 마련이다. 하지만 신실한 여인은 베다니의 마리아처럼 주님의 말씀에 경청하고 또 마음속에 간직하는 사람이다. 이뿐만이 아니라 가정의 머리인 남편의 말도 주의 깊게 듣고 또 마음을 일치시킬 수 있어야 한다.

2. 자신이 할 수 있는 일을 할 수 있을 때 즉각적으로 행하는 모습

주의 말에 경청하고 그 말씀을 마음에 품었던 마리아는 자신이 할 수 있고 또 해야 할 일을 즉각적으로 행했다. 먼저 마리아는 자신이 주님의 장사를 위해 할 수 있는 일을 찾았다. 그리고 주님의 장사를 위해 향유를 준비해야겠다고 결정하고 당시 노동자 일 년 치에 해당하는 임금이었던 삼백 데나리온어치의 감송향유를 마련했다(막 14:5). 막상 향유를 든 옥합을 깨는 건 쉽지 않았을지도 모른다. 하지만 마리아는 과감히 그 옥합을 깼다.

이는 신실한 여인의 한 면을 보여 준다. 곧 자신이 할 수 있는 일을 할 수 있을 때 즉각적으로 행한 모습이다. 누구든지 주님을 위한 일들을 계획할 수 있다. 또 누구든지 주님을 위한 일들에 관해 이러저러한 이야기들을 할 수 있다. 반면에 선뜻 그 일을 실행으로 옮기는 사람은 드물다. 하지만 시간이 가면 주님의 일을 하고 싶어도 하지 못할 때가 올 것이다. 사실 예수 그리스도께서 묻히신 후 막달라 마리아와 야고보의 모친 마리아와 살로메라는 여인은 주께 좋은 향료를 붓기 위해서 무덤가를 찾았었다. 하지만 그들이 발견했던 것은 예수 그리스도께서 부활하시고 난 빈 무덤뿐이었다(막 16:1,6). 이처럼 섬기는 일에 있어서 마리아는 자신이 할 수 있는 일을 할 수 있을 때 즉각적인 순종 가운데 행해야 한다는 좋은 본을 보여 주고 있다.

3. 받는 것보다 주는 것을 실천한 모습

마리아가 주님을 위해 삼백 데나리온의 감송향유가 든 옥합을 깨뜨리고 주의 발에 붓고 자신의 머리카락으로 주님의 발을 닦았을 때 그 집이 향유 냄새로 가득 차게 되었다. 유다 이스카리옷과 제자들이 가난한 자들에게도 줄 수도 있었을 것을 가지고 낭비를 했다고 화를 내고 분노했다. 이에 주님께서는 『**그녀를 가만두어라. 그녀는 나의 장례 날을 위하여 이것을 간직해 둔 것이라.**』(요 12:7)라고 말씀하시며 복음이 전파되는 곳마다 그녀가 행한 이 일도 말하며 기념하라고 말씀하셨다(마 26:13, 막 14:9). 『**주는 것이 받는 것보다 복이 있다.**』(행 20:35)라는 말씀을 실천하는 모습을 보이며 주님께 드렸더니 더 큰 복으로 돌려받은 것이다.

4. 겸손한 모습을 보인 마리아

마리아가 옥합을 깬 것에서 우리는 겸손한 모습을 엿볼 수 있다. 주님께서 마음이 상한 자들과 참회하는 영이 있는 자들을 가까이하신다(시 51:17). 그런데 참회하는 마음은 겸손에서 온다. 겸손은 부서진(broken)것, 상한 것을 말한다. 옥합이 깨뜨려지고(막 14:3), 빵이 떼어지고(막 6:41), 항아리가 깨뜨려질 때(판 7:20), 바로 그때 향유가 향기를 내고, 많은 무리가 먹게 되며, "빛"이 비춰지게 된다. 이 시대, 하나님께서 값없는 선물로 믿음을 주셔서 우리의 구원을 가능하게 하신 것은 우리를 위해 쪼개진(고전 11:24) 그리스도의 몸 때문에 가능했다. 그분의 뼈는 하나도 "꺾이지" 않았지만(요 19:36) 그분의 살은 말 그대로 "찢겨졌다." 예수 그리스도께서는 자신을 낮추시고 십자가의 죽음에까지 순종하시며 겸손한 모습을 몸소 보여 주셨다(빌 2:5-8). 신실한 여인은 옥합을 깨뜨리고 부숴 뜨리고 상하게 하는 것, 곧 겸손한 모습을 보일 수 있어야 한다.

5. 포기할 것은 포기하고, 가장 좋은 것을 택할 줄 아는 통찰력을 가진 모습

누가복음 10:38-42에서는 베다니에서 벌어졌던 것과 비슷한 내용의 이야기가 나온다. 이때도 마르다는 손님을 대접하기 위해 무척이나 바쁘고 경황이 없었다. 그런데 마리아는 주님의 발밑에 앉아 주님의 말씀을 듣고 있었다. 그 모습을 보던 마르다는 급기야 주님께 『**주여, 내 동생이 접대하는 일에 나 혼자만 남겨 놓은 것을 개의치 아니하시나이까? 그녀에게 말씀하셔서 나를 도와주라고 하소서."**』(40절) 라고 말했다. 이는 공개적으로 동생을 정죄하면서 동시에 그렇게 두신 예수님도 원망하고 있는 것이다. 더욱이 주님께 마리아가 일하게 시켜 달라고까지 말하고 있다. 하지만 주님께서는 마리아가 좋은 편을 선택했다고 말씀하셨다.

물론 마르다가 잘못한 것은 없다. 사역에는 여러 손길이 필요하다. 다만 경황이 없을 정도로 일에 치이는 것은 문제가 있다. 경황이 없을 정도로 바빠 주님과의 교제가 소원해지지 않도록 하라. 마지막 때는 시간을 사서(Redeeming) 얻어야 하는 때이다(엡 5:16). 시간을 얻기 위해 무엇인가를 희생시키고 포기해야 한다는 말이다. 주님과의 교제를 위해, 흔들리지 않을 더 좋은 것을 얻기 위해 개인의 기쁨, 개인의 성취, 개인의 영달 등을 포기하여 시간을 사서 얻어야 할 것이다. 마리아는 이차적이고 부차적인 문제가 아닌 가장 중요한 것을 택했고 가장 좋은 것을 택할 수 있었던 통찰력이 있었던 것이다.

■ 새롭게 깨달았거나 적용할 내용이 있다면 적어 보세요. ■

NOTES

NOTES

제5과

성경에서 경고하는 어리석은 여인들

『너희의 여자들을 교회 안에서 조용히 하게 하라. 그들이 말하는 것이 허락되지 아니하였으니 율법에서도 말한 것과 같이 다만 복종할지니라』(고전 14:34).

"페미니스트"(Feminist)들에게 고함

"**페미니즘**"(Feminism)은 여성이 남성의 권위 아래서 벗어나 동등한 권위를 가지려는 데서 비롯된 마귀의 사상이다. 페미니즘은 교회 밖에서 시작되었지만, 그것이 교회로 들어가 성경에 없는 "여자 목사" 제도를 만들어낸 것을 볼 때 그것은 남녀평등을 넘어서 여자가 남자에게 권위를 행사하게 하려는 마귀의 철학임을 알 수 있다. 권위에 대적하는 것은 마귀의 성품이다. 성경은 여자가 남자에게 성경을 가르치는 것을 금함으로써 여자 목사 제도를 질책하신다. 『**여자는 온전히 순종함으로 조용히 배우게 하라. 나는 여자가 가르치는 것이나 남자에게 권위를 행사하는 것을 허락지 아니하노니 다만 조용할지니라**』(딤전 2:11,12).

하나님께서는 여자보다 먼저 지음받은 남자에게 권위를 주셨다(딤전 2:13,14). 페미니즘은 아내가 남편에게 바람을 두어야 하며 남편이 아내를 주관해야 한다는 창세기의 가정 질서로까지(창 3:16) 마수를 뻗쳐 남편에게 불순종하는 패역한 아내들을 낳았다. 여자가 순리를 거슬러 남자처럼 행하겠다고 나서자 여자들의 사회 진출과 활동이 늘어났고, 덕분에 스스로가 가사와 직장을 병행해야 하는 고된 인생을 자초하고 말았다. 생계를 위해 불가피한 경우를 제외한 여성들의 과도한 사회 진출, 곧 "페미니즘적 사회 진출"이 여성들 자신에게 고통을 가져온 것이다. 그들로 인해 남자들의 일자리가 줄어들어 가정의 경제적 황폐화를 촉진했고, 더 많은 여성들이 일터로 내몰렸다. 악순환이 일어난 것이다. 하나님의 법칙대로 남편에게 바람을 두고 가정을 꾸리는 여성이 행복한 여성이다.

"여자는 연약한 그릇이다"

『이와 같이 너희 남편들아, 아내들을 더 연약한 그릇으로서 또 생명의 은혜를 함께 상속받을 자로서 귀히 여기되, 지식을 따라 그들과 동거하라. 이는 너희의 기도가 막히지 않게 하려 함이니라』(벧전 3:7).

하나님께서 여자를 지으신 목적은, 남자가 혼자 있는 것이 좋지 않았기에 남자를 위한 돕는 자로 지으신 것이다. 『또 주 하나님께서 말씀하시기를 "남자가 혼자 있는 것이 좋지 않으니 내가 그를 위하여 돕는 자를 지으리라." 하시며』(창 2:18). 여자를 남자에게서 취한 갈비뼈로 지으셨고, 여자라고 부른 이유도 남자에게서 취해졌기 때문이다. 『**주 하나님께서 아담을 깊은 잠에 빠지게 하시니 그가 잠드니라. 하나님께서 그의 갈비뼈 중에서 하나를 취하시고 살로 대신 거기를 채우시더라. 주 하나님께서 남자에게서 취한 갈비뼈로 여자를 지으셔서 그녀를 그 남자에게로 데려오시니, 아담이 말하기를 "이는 이제 내 뼈들 중의 뼈요, 내 살 중의 살이니, 그녀를 여자라 부르리라. 이는 그녀가 남자에게서 취해졌음이라." 하니라**』(창 2:21-23). 여자는 남자를 돕는 목적으로 지음 받았다. 이것은 남편과 아내의 관계를 이해하는 토대가 된다.

하나님의 창조 목적에 따라, 남자가 먼저 지음을 받았고, 그 다음 여자를 지으시고 그 역할을 정해 주셨다. 여자는 자신의 위치에 있을 때 하나님의 뜻을 바르게 수행하게 된다는 사실을 유념해야 한다. 『**이는 남자가 여자에게서 난 것이 아니라 여자가 남자에게서 났기 때문이며 남자가 여자를 위하여 창조된 것이 아니라 여자가 남자를 위하여 창조된 것이기 때문이라**』(고전 11:8,9).

타락한 이후에 여자와 남자에게 주신 말씀은 창세기 3장 이래로 지금도 계속

적용되는 말씀이다. 하나님께서 여자에게는 ❶ 고통 중에 자식을 낳을 것, ❷ 너(여자)의 바람이 남편에게 있을 것, ❸ 남편이 너(여자)를 주관할 것이라고 말씀하셨다. 『**여자에게 말씀하시기를 "내가 너의 고통과 너의 임신을 크게 늘리리니, 네가 고통 가운데서 자식들을 낳을 것이요, 너의 바람은 네 남편에게 있을 것이니, 남편이 너를 주관할 것이라." 하시더라**』(창 3:16). 또 하나님께서 남자에게는 고통 중에서 땅의 소산을 먹고, 땀을 흘려야 빵을 먹게 될 것이라고 말씀하셨다(창 3:17-19).

여기서 주목할 사실은 하나님께서 여자의 바람이 남편에게 있을 것이며, 남편이 여자를 주관할 것이라고 말씀하신 것이다. 여자에게 권위를 주시지 않은 이유는 두 가지이다. 첫째, 남자가 먼저 지음 받았기 때문이며, 둘째, 남자가 속은 것이 아니라 여자가 속아 범죄했기 때문이다. 『**나는 여자가 가르치는 것이나 남자에게 권위를 행사하는 것을 허락지 아니하노니 다만 조용할지니라. 이는 아담이 먼저 지음을 받았고 그 후에 이브며, 또 아담이 속은 것이 아니라, 여자가 속아 범죄하였음이라**』(딤전 2:12-14). 어떤 자매가 "저는 그렇지 않아요."라고 말할 수도 있겠으나 이것이 하나님의 말씀이다. 영적인 문제에 있어서는 더욱더 그렇다. 한편 남자가 주의할 것은 『**네가 네 아내의 음성에 경청한 까닭에**』(창 3:17)라는 말씀의 교훈이다. 물론 생활 중에 남편은 아내와 긴밀한 대화를 나누며 아내의 말을 들어 주어야 한다. 그러나 모든 일들이 영적인 관점에서 보면 서로 연관되어 있기 때문에 영적 분별력을 가지고 아내의 말을 들어야 한다. 하나님께서 남자에게 집안에서만이 아니라 하나님의 교회를 돌보는 책임을 부여하셨는데, 가정을 잘 다스리지 못하면 교회도 돌볼 수 없게 된다는 점을 또한 유의해야 한다(딤전 3:4,5,12).

남녀관계에서 주의할 점은 남자와 여자는 하나님 앞에서 차별이 없이 동등한 영적 위치를 가지며(갈 3:27,28), 단지 다른 역할이 주어졌다는 것이다. 또한 권위의 질서에 남자를 우선순위에 놓으신 것은 남자를 먼저 지으시고 그에게 권위를 주셨기 때문이다(딤전 2:13,14). 이 역할과 지위를 거부하면 가정은 파국을 맞게 된다. 성경은 하나님께서 세우신 권위의 질서에 순종해야 함을 말씀한다. 한편 어떤 남자가 스스로 높아져서 여자에게 고압적인 권위를 행사하려 한다면 그는 죄를 짓는 것이다. 에베소서 5:21의 『**하나님을 두려워함으로 서로 복종하라.**』라는 말씀 중에서 "서로 복종하라"는 말의 의미를 잘 깨달아야 한다. 하나님을 두려워한다면, 남자는 자신의 위에 있는 권위에 복종하고, 여자는 자신의 위에 있는 권위에 복종해야 한다. 이것이 하나님께서 세우신 권위의 질서이기 때문이다.

인류 최초의 범죄자 이브

하나님께서 인류의 조상인 아담을 창조하신 이래로 모든 인류는 죄와 죽음과 지옥의 형벌 아래 놓여 있었다. 죄의 속박 아래서 죄의 종노릇을 하게 된 원인은 아담이 하나님 앞에 불순종했기 때문이었다. 아담이 하나님 앞에 불순종을 저지른 원인은 창조주 하나님보다 하나님께서 주신 자기 아내인 이브를 더 사랑했기 때문이었다.

흔히들 "인간이 최초로 지은 죄가 무엇인지 아십니까?"라는 질문에 "이브가 선과 악의 지식의 나무에서 나는 열매를 먹은 것입니다."라고 대답한다. 하지만 그 이전에 이브는 그보다 훨씬 심각한 죄를 지었다. 이 땅 위의 첫 번째 죄는 한 여인에 의해 범해졌는데, 그것은 다름 아닌 하나님의 말씀을 변개시킨 것이다. 창세기 3:2에서 뱀의 질문에 이브는 "마음대로"라는 말을 삭제함으로써 하나님의 말씀을 "잘못 인용했다"(창 2:16,17 참조). 이것은 향후 성경 변개자들의 주된 특징이 "삭제"라는 것을 성경대로 믿는 사람들에게 분명하게 경고해 준다.

하나님의 말씀을 삭제한 이브는 이제 "만지지도 말라"는 말을 첨가한다(창

3:3). 이 말은 원래 명령에는 없는 말이었다(창 2:16,17 참조). 사탄은 결코 "말씀의 주요 원리"나 "믿음의 근본 사항" 혹은 성경의 "주된 가르침"에 문제를 제기하지 않는다. 사탄이 문제 삼는 것은 하나님께서 하신 말씀 그 자체이다. 그래서 사탄은 하나님의 말씀을 삭제하거나 첨가함으로써 성경을 변개시키고, 사람들은 그 거짓말들을 믿음으로써 타락하는 것이다.

뱀의 유혹에 놀아난 이브는 선과 악의 지식의 나무를 "쳐다본다." 먹음직하고(육신의 정욕), 보기에도 즐겁고(안목의 정욕), 현명하게 할 만큼 탐스러운(생의 자랑) 나무를 보면 볼수록 그 나무의 열매를 먹고 싶어진다. "긍정적 사고방식"의 집성체였던 것이다. "너희가 반드시 죽지는 아니하리라."는 뱀의 말이 거짓말이라는 것은 어느 정도 알고 있지만, 그래도 상관하지 않고 한번 먹어보고 싶어진다. 그래서 이브는 열매를 따서 먹고, 자기 남편인 아담에게 주었더니 아담이 먹고 말았던 것이다.

"하지 말아야 할 일"을 저질렀을 때 인간의 양심은 제대로 된 사고와 행동을 하지 못하도록 막는다. 그 열매를 먹기 전까지는 아담과 이브 둘 다 벌거벗었으나 부끄러워하지 않았지만(창 2:25), 열매를 먹고 난 이후에는 벌거벗음에 대해 수치를 느낀 나머지 "하지 않아도 되는 일"을 했던 것이다. 그 일들이 무엇인가? ❶ 무화과나무 잎을 엮어 자기들의 옷을 만들었다(창 3:7, "치마"). ❷ 하나님의 음성을 듣고 자신들을 숨겼다(창 3:8). ❸ 자신들이 지은 죄에 대한 변명을 늘어놓았다(창 3:9-13).

하나님께서 여자(이브)를 지으실 때, 아담의 몸에서 취한 갈비뼈로 만드셨다. 따라서 이브는 남자의 뼈들 중의 뼈요, 살 중의 살이 되는 독특한 위치를 차지하게 되었다. 그때까지만 해도 아담과 이브는 동격이었으나, 이들이 하나님 앞에 범죄한 이후로는 아담이 이브를 주관하게 되었다(창 3:16). "이브"라는 이름은 하나님께서 지으신 이름이 아니라, 그녀의 남편인 아담이 지은 이름이었다(창 3:20). 여성들이 출산할 때에 산고를 치르게 된 원인은 이브의 죄악 때문이다.

"모든 산 자의 어미"가 뱀의 꾐에 넘어가 영적 간음을 저지른 죄의 결과로, 모든 여성들은 열 달의 임신 기간을 채워야만 하고, 출산 할 때에도 생사의 기로에 놓이기까지 하는 등 "겪지 않을 수도 있었던 고통"을 겪게 된 것이다. 올바른 판단을 하지 못한 어리석은 여인은 "자식 농사"에서도 실패한 면모를 보여 주며 결국 "살인자의 어머니"가 되었다(창 4장).

"소금 기둥"이 된 롯의 아내

수많은 공상 과학 소설이나 재난 영화들에서 "뒤를 돌아보지 말라."라는 모티브를 전해 준 인물은 "롯의 아내"이다. 모든 영화, 텔레비전, 책들을 위한 소설 줄거리들의 출처는 A.D. 90년 이전에 기록된 성경에서 비롯되었다. 성경을 믿지 않는 세상 죄인들의 "아이디어 뱅크"가 다름 아닌 성경이라니, 참으로 아이러니한 일이 아닐 수 없다.

아브라함은 자기 조카 롯이 거하는 소돔 성읍 안에 적어도 10명의 의인은 있지 않겠느냐는 생각으로, 하나님께 소돔 성읍을 멸하지 말아달라고 "간 큰 간구"를 했다(창 18:23-33). 그러나 하나님께서 죄악으로 가득 찬 소돔에서 롯을 구하는 방법은 아브라함이 생각하는 방법과 달랐다. 아브라함은 롯으로 인해 소돔을 멸하지 않게 하려는 것이었지만, 하나님께서는 소돔을 불태워 버리시고 다만 롯을 구출하시려는 것이었다. 성경은 소돔 사람들을 "죄악"(창 19:15), "불경건"(벧후 2:6), "사악"(벧후 2:7), "죄인들"(창 13:13), "가증한 짓"(겔 16:47), "더러운 꿈을 꾸는 자들"(유 1:7,8), "음행"(유 1:7) 등의 용어들로 표현한다. 예수 그리스도의 재림 때가 "롯의 날들"과 같다고 하는 것은(눅 17:28-30) 그때에 동성연애자들, 육욕으로 가득 찬 자들, 온갖 변태스러운 자들의 "열매"들이 가득하다는 것을 보여 준다.

하나님께서 소돔을 멸하실 심판으로부터 롯을 안전하게 두실 수 있는 유일한 장소는 "소돔 성읍 밖"이었다. 아브라함은 감히 하나님과 "흥정"을 하고 있었다. 그럼에도 하나님께서 아브라함의 자잘한 요구에 화내지 않으시고 기꺼이 인내하며 들어주신 이유는 아브라함의 동기를 아셨기 때문이다. 롯은 성도착자들과 폭도들을 향해 "형제들"이라고 부를 만큼(창 19:7) 자기 정체성에 있어서 흐릿한 사람이었다. 롯의 사위들조차 자기 장인을 "농담하는 사람"으로 여겼다(창 19:14). 그의 말을 듣고 소돔을 탈출할 사람은 아무도 없었다. 다만 롯의 아내와 결혼하지 않은 두 딸뿐이었다. 하나님께서는 롯을 사랑하시며 롯을 "의인"으로 인정해주셨다(벧후 2:7,8). 롯은 "구약적인 방법"으로 소돔 성읍에서 구원받았고(창 19:16), 영적으로는 그리스도의 심판석에서 모든 것을 잃어버리는 "타락한 그리스도인"의 유형으로 대표된다.

죄악으로 만연한 소돔에서 기거하면서 롯의 아내는 소돔의 문화에 젖어들었다. 롯의 딸들 역시 마찬가지였다. 롯과 그의 아내가 매순간 하나님을 두려워하고, 지각 있는 부모였다면 혼인한 딸들과 사위들이 장인의 경고를 외면하지는 않았을 것이다. 롯의 아내는 하나님께서 유황과 불을 비처럼 내리시는 그 때에 뒤를 돌아보았고, 결국 소금 기둥이 되었다. 탈출 전에 하나님께서 뒤를 돌아보지 말고, 어떤 평지에도 머무르지 말고 산으로 도피하라고 경고하셨음에도 불구하고 그 경고를 유념하지 않았던 것이다.

롯의 아내는 뒤돌았을 뿐만 아니라 탈출 대열의 뒤에서 망설였다. 그녀는 롯의 "뒤에서" 뒤를 돌아본 것이다. 결국 롯의 아내는, 비록 자신의 이름을 남기지는 못했으나, 예수 그리스도의 말씀을 통해 성경에 영원히 남게 되었다. 『롯의 아내를 기억하라』(눅 17:32). 이스라엘 사해의 염도는 34.2%로 일반적인 바닷물 염도보다 10배 이상 높다. 모든 사람이 불로 소금치듯함을 받았던 "소돔의 멸망의 날"에 아마도 사해 바다는 소금기로 가득 차 버렸을 것이다.[1] 한순간의 판단 착오로 인해 롯의 아내는 사해의 염도를 높이는 데 일조한 격이 되었다.

"모전여전"(母傳女傳)이라고 했던가? 어리석은 모친 아래 어리석은 딸들이 있었다. 기껏 소돔에서 구출된 롯의 두 딸들은 죄악 아래에서 제대로 교육을 받지 못했다. 소알을 포함한 그 지역 어디에도 이들의 남편이 되어 자식을 낳을 사람이 없었다. 왜냐하면 남색자들은 자식을 낳지 않기 때문이다. 『**온 세상의 방식**』(창 19:31)이란 신약성경에 따라서 "본성을 거역하는" 방식이다(롬 1:26-28). 롯의 두 딸 주변에는 동성연애자들과 변태성욕자들 외에는 아무도 남지 않았던 것이다. 결국 롯의 두 딸들은 자기 아버지에게 포도주를 마시게 하여 취하게 하고 근친상간의 죄를 저질렀다. 이들을 통해 탄생한 사생아들은 모압과 암몬 자손의 조상이 되었고, 이들의 후예는 모슬렘들이 되어 오늘까지도 이스라엘을 이 지구상에서 없애버리기 위해 혈안이 되어 있다.

"문둥병자"가 된 모세의 누이 미리암

출애굽기 1,2장에 따르면 모세는 "죽을 운명"에 놓여 있었다. 이집트의 파라오가 시행한 "대학살"의 서슬 퍼런 칼날이 히브리 사내아이들에게 내려졌던 것이다. 모세의 부모인 암람과 요케벳은 모세가 생후 3개월이 지나 더 이상 숨길 수가 없게 되자, 갈대로 만든 궤에다 아이를 담아 나일강의 가장자리 창포들 사이에 놓아두었다. 이를 멀리서 주시하고 있던 사람은 모세의 누이 미리암이었다. 파라오의 딸이 모세를 발견하고 가엾게 여기던 그때에, 미리암은 적기에 파라오의 딸에게 나타나서 "내가 가서 히브리 여인 중에서 유모를 당신께 불러다가 당신을 위하여 그 아이를 양육케 하리이까?"라고 묻었다. 파라오의 딸이 허락하자, 미리암은 곧장 집으로 가서 자기 어머니, 곧 모세의 친모를 데리고 왔다.

1) 럭크만 주석성경 창세기 19:26 주석 11

모세의 부모는 모세를 양육하는 데 경제적인 지원을 받았다(출 2:5-10, 마치 오늘날 정부의 출산 장려 정책을 보는 것과 같다).

미리암은 여선지자로서 언급된다(출 15:20,21). 이스라엘 백성이 하나님의 인도하심으로 출애굽하여 홍해를 건넜을 때 파라오와 그의 모든 군대가 홍해에 수장되는 "대승"을 거두자, 하나님 앞에 탬버린을 들고 나와 춤을 추었다. 성경에서 최초의 "노래하는 자"는 모세이고(출 15:1), 최초의 "춤추는 자"는 미리암이다(출 15:20). 영적으로 신약에 적용했을 때 다음과 같은 교훈을 얻을 수 있는데, 곧 인간이 죄에서 구속받기 전에는 진정한 노래란 있을 수 없고, 세상 체계로부터 구해냄 받기 전에는 진정한 춤이란 있을 수 없다는 점이다. 미리암은 주 하나님께서 이루신 영광스런 승리를 노래한 여선지자로 성경에 기록되는 영예를 얻었다.

한편 민수기 12장에서 미리암은 대제사장 아론과 함께 모세를 비방했다. 그 이유인즉슨, 모세가 에디오피아 여인과 혼인했다는 것이다. 모세는 이집트로부터 도망하여 미디안에서 기거할 때 미디안 제사장 르우엘의 딸 "십포라"를 아내로 맞이했다(출 2:16-22). 그때로부터 40년이 지난 뒤에, 이스라엘의 지도자 모세의 친족들이 모세의 권위에 대항하여 비방을 했던 것이다. 모세는 하나님과 직접 대면하여 대화를 나누고, 주의 모습을 보았던 하나님의 종이었다(민 12:6-8). 그런 하나님의 종을 비방하기를 두려워하지 않았던 미리암과 아론에 대해 하나님께서는 그분의 노를 발하셨다(민 12:9). 그 결과 미리암은 문둥병이 들어 진영 밖에 칠 일 동안 격리되었다(민 12:14-16). 미리암은 여선지자로서 좋은 평판을 얻었지만 하나님께서 부여하신 영적 권위에 대항한 결과 "죄에 대한 징계"의 대표적 상징인 문둥병에 걸려버린 것이다.

영적 권위는 존중받아 마땅하지만, 그 권위로 하나님을 대적하면 반드시 버림받게 되고, 그러한 권위 역시 아무런 쓸모가 없게 된다는 사실을 알아야 한다. **『의인을 벌하는 것도, 공평함을 인하여 통치자들을 때리는 것도 선하지 아니하**

니라』(잠 17:26). 즉 하늘로부터 주어진 권위는 충분히 존중되어야 한다. 도피 생활을 하면서 사울 왕을 죽일 기회가 두 번이나 있었던 다윗이 그를 죽이지 않은 것은, 그가 『**주의 기름부음 받은 자**』(삼상 24:10)였기 때문이다. 미카엘이 사탄에게 『**주께서 너를 책망하시느니라.**』(유 1:9)라고 말한 것처럼, 다윗 또한 『**주께서 나와 왕 사이를 판단하시고, 주께서 나를 위하여 왕에게 보복하시기를 원하나, 내 손으로는 왕을 해치지 아니하리이다.**』(삼상 24:12)라고 할 수 있었을 뿐이다. 하나님께서 코라와 다단과 아비람을 땅의 입을 벌려 삼켜지게 하신 것은 그들이 모세와 아론의 권위를 대적했기 때문인데(민 16장), 이처럼 영적 지도자의 권위는 지상에서 하나님을 대변하는 것이므로 그것을 대적하는 자는 하나님의 직접적인 반응을 불러일으켜 자신에게 치명적인 결과를 초래하기도 한다.

나오미와 며느리(오르파)

어리석은 여인을 이야기하는데 "룻"을 이야기한다는 건 난센스처럼 보일지 모른다. 여기서는 룻의 시어머니인 나오미와 룻의 손위동서 오르파에 대해 살펴보고자 한다. 베들레헴유다에 살던 엘리멜렉은 그 땅에 기근이 들어(삼하 21:1) 자기 아내 나오미와 두 아들(말론과 킬리온)과 함께 모압 땅으로 이주했다. 룻기 1장 초반부에 따르면, 나오미의 남편 엘리멜렉이 죽고 그녀와 두 아들이 남았다. 두 아들들이 각각 모압 여인을 자기 아내로 삼고서 그 후로 약 10년을 더 모압 땅에서 거했다. 그러고 나서 두 아들, 말론과 킬리온도 모압 땅에서 죽었다. 죽음이 반드시 "죄악"과 연관된 것은 아니지만, 성경에 기록된 여러 말씀들을 통해 죄악이 인간의 지상 생명을 단축시킨다는 점을 배울 수 있다(잠 4:10; 9:10-12; 10:27 등).

엘리멜렉의 가족이 살던 곳은 "베들레헴유다"였다. "베들레헴"은 "빵집"이라는 뜻이며, 유다는 "하나님을 찬양함"을 의미한다. 나오미는 자기 남편이 죽었음에도 "빵집"(베들레헴)으로 돌아가 하나님을 찬양해야 한다는 사실을 배우지 못했다. 나오미는 "빵집"을 완전히 떠났는데, 왜냐하면 그곳에 빵이 없었기 때문이었다. 그곳에 빵이 있다는 사실을 발견할 때까지 나오미는 다시 돌아갈 것을 생각조차 하지 않았다(룻 1:6). 그녀가 그 이방 땅(모압)을 떠나지 않고 있던 동안, 그녀는 남편을 잃었을 뿐만 아니라 두 아들들을 "이방 여인들"과 결혼하게 하기까지 했다(룻 1:4, 신 7:3; 23:3). 이런 경고들로는 충분하지 않았던지, 나오미는 결국 두 아들까지 이방 땅에서 잃고 난 후에야 유다 땅으로 돌아갈 결심을 했다.

영적으로 볼 때, 그리스도인들은 "해서는 안 될 일들"을 행해서는 안 되고, "가지 말아야 할 곳"에 가서는 안 되며, "어울리지 말아야 할 사람들"과 어울려서는 안 된다(고전 15:33). 나오미는 남편을 잃었을 뿐만 아니라 자기 두 아들까지 잃은 고로, 그 집안이 끊어지는 화를 자초한 격이 된 것이다.

"과부" 나오미는 과부가 된 두 며느리들(오르파와 룻)을 돌려보내려고 했다. 오르파와 룻은 돌아가지 않겠다고 눈물로 호소했으나, 결국 오르파는 자기 시어머니에게 입맞추고("입맞춤"의 잘못된 예 - 마 26:48 참조) 자기 백성(모압)과 자기 신들에게로 돌아갔다(룻 1:14,15). 잘 아는 바와 같이, 룻은 자기 백성에게로 돌아가지 않고 자기 시어머니를 따라갔다. 여기에서 우리는 서로 다른 두 종류의 여인들을 보게 되는데, 이 둘의 대조는 극명하다. 룻이 얼마나 복을 받는지 보라(룻 4:11). 그녀는 그녀의 이름이 제목으로 붙은 성경을 갖게 되었을 뿐만 아니라, 다윗 왕의 증조할머니가 되었다(룻 4:21,22). 들판에서 이삭이나 줍던 천한 모압 여인 룻은 예수 그리스도의 계보로 유입된다. 즉 예수 그리스도의 조상이 된 것이다. 한 "과부"를 섬기기 위해 자신의 나라와 가족과 친구들과 친지들과 모압의 "신들"을 떠난 후, 룻은 "베들레헴"의 가장 부유한 사람과 결혼했다.

만약 당신이 구원받아 하나님의 자녀가 되어 그리스도의 몸에 들어왔다면, 당신은 바로 룻처럼 그분께 사신 바 된 것이다(행 20:28). 룻이 유다 지파 베들레헴에서 태어난 한 유대인에게 산 바 된 것처럼, 우리도 유다 지파 출신으로서 베들레헴에서 태어나신 그분께 사신 바 되었다. 어리석은 여인들이 내린 판단의 끝은 죽음이라는 점을 기억해야 하겠다(잠 14:12; 16:25).

사울의 딸 "미갈"

아말렉인들을 완전히 멸하라는 주님의 명령에 사울이 불순종하자, 주님께서는 사울에게서 떠나셨다(삼상 15:26; 16:1). 그때로부터 사울은 극심한 불안 증세를 보였고, 주님께서 다윗과 함께하시는 것을 알고 다윗을 두려워했다. 골리앗을 죽이고 다윗이 돌아오자, 백성들은 "사울이 죽인 자는 수천이요, 다윗이 죽인 자는 수만이라."라고 노래했다. 이에 매우 노한 사울은 그 날 이후로 다윗을 죽이고자 하는 의도를 가지고 눈여겨보기 시작했다(삼상 18:9,11).

사울은 다윗을 자기 사위로 삼으려고 자기 큰 딸 "메랍"을 아내로 주기로 하였으나, 변덕을 부려 메랍을 므흘랏인 아드리엘에게 아내로 주었다. 그러던 와중에 사울의 둘째 딸 미갈이 다윗을 사랑한다는 소문에 사울은 기뻐했다. 그러나 사울은 딸의 행복을 바라는 순수한 의도가 전혀 없었다. 『**사울이 말하기를 "내가 그녀를 그에게 주어 그녀로 그에게 올무가 되게 하고 필리스티아인들의 손으로 그를 치게 하리라." 하더라. 그리하여 사울이 다윗에게 말하기를 "네가 오늘 둘 중 하나로 내 사위가 되리라." 하더라**』(삼상 18:21). 다윗은 "가난하고 존경받지 못하는" 자신이 왕의 사위가 되는 것에 부담을 느꼈지만, 이에 대해 사울은 다윗에게 필리스티아인들을 대항하여 싸워서 그들의 포피 일백을 가져오면 사위로 삼겠다고 말했다. 이것은 사울을 사위로 삼으려는 것이 아니라, 필리스티아인들과의 전투에서 다윗이 죽기를 바라는 불순한 의도가 담긴 계획이었다. 사울은 살인자이고, 거짓말쟁이이며 겁쟁이요 탐욕이 있는 사람이었다(삼상 18:8,12,17,19). 반면 다윗은 현명하고, 사랑스러우며, 겸손하고, 용감했던 사람이었다(삼상 18:8,14,16,18). 다윗은 정당한 값을 치르고 미갈을 아내로 삼았다(삼상 18:27).

미갈은 다윗을 사랑했다. 다윗을 죽이려는 자기 아버지의 손에서 다윗을 도망시키기까지 했다(삼상 19:11-17). 다윗이 사울을 피해 도망다닐 때 아비가일과 아히노암을 아내로 취하자(삼상 25:39-43), 사울은 다윗의 아내인 미갈을 라이스의 아들 팔티(삼상 25:44, 삼하 3:15 "팔티엘")에게 줘 버렸다. 나중에 다윗은 사울의 집과 동맹을 맺는 조건으로서 사울의 아들 이스보셋에게 자기 아내 미갈을 돌려달라고 요구한다(삼하 3:13,14). 그러나 이미 미갈은 다른 남자와 근 2년간이나 합해진 후였기에, 그녀의 남편은 다윗이 아니었다.[2)]

미갈이 어리석은 여인들의 대열에 함께 오른 이유는 주님 앞에 드려진 찬양을 보고 경멸했기 때문이다. 다윗은 하나님의 궤가 장막 안으로 들어오기를 염원했다. 그러나 첫 번째 시도에서 하나님께 간구하지 않았고, 하나님의 방식이 아닌 인간의 방식대로 수레에 실어 궤를 옮기다가 궤를 옮기던 "웃사"가 죽었다. 다윗은 주의 궤를 무서워하여 다윗 성읍으로 곧장 옮겨오지 못하고 가드인 오벧에돔의 집에 두었다. 하나님의 궤가 있던 3개월 동안 하나님께서는 오벧에돔과 그의 온 집안에 복을 주셨다(삼하 6:1-11).

간절히 염원했던 일이었지만 이미 한 차례 실패했던 터라 다윗은 마음이 조마조마했다. 그러나 오벧에돔의 집이 복을 받은 것을 보고, 다윗은 기쁨으로 하나님의 궤를 다윗 성읍으로 가져왔다. 이 얼마나 기쁜 일인가! 다윗은 주 앞에서 그의 온 힘을 다하여 춤을 추었다(삼하 6:14). 다윗 왕이 뛰며 춤추는 그 모습을 본 미갈은 그의 즐거움을 그저 그런 "잡흥" 정도로 여겼다. "마치 하찮은 것들 중 하나가 수치도 모르고 자기 몸을 드러내는 것같이 자기 신하의 몸종들의 눈

---

2) 다윗은 여자들을 모으고 있었다. 신명기 17:17에 따르면 이것은 문제가 된다. **『그는 또한 자기에게 아내를 많이 두지 말아야 할지니 그래야 그의 마음이 돌아서지 않을 것이요.』**

에 오늘 자신의 몸을 드러내셨나이다!"라고 혹평했던 것이다(삼하 7:20). 앞서 출애굽기 15장에서 이스라엘 백성으로 홍해를 건너게 하시고, 파라오와 그의 모든 군대를 홍해에 수장시켜 버리신 하나님의 놀라우신 능력으로 인해 모세와 미리암은 주께 노래하고 춤을 추었다. 누가복음 15장에서는 탕자의 비유로 알려진 "잃어버린 아들"이 자기 아버지에게로 돌아왔을 때, "노래"와 "춤"이 등장했음을 볼 수 있다. 성경에 등장한 춤 중에서 가장 좋은 사례는 바로 하나님의 궤 앞에서 다윗이 추던 춤이다. 하나님 앞에 자신의 믿음을 인정받을 때 얼마나 기쁘겠는가! 다윗은 미칼의 비난에 아랑곳하지 않고, "내가 주 앞에서 뛰놀리라." 라고 단언했다. 온 이스라엘 집에서 자신을 택하셔서 이스라엘의 왕으로서 인정하신 그 기쁜 날에, 설령 보기에는 천한 것처럼 낮아지더라도, 미칼이 말한 여종들에게는 높임을 받을 것이라고 다윗왕은 엄중하게 말했던 것이다.

미칼은 함부로 말한 결과로 죽는 날까지 자식을 낳지 못했다. 다윗이 필리스티아인들의 포피로 값을 치렀고, 다른 남자의 아내가 되었음에도 되찾아왔던 여인이었지만, 결국 그녀는 다윗에게 자손을 낳아 주지 못했다(삼하 7:23).

솔로몬의 아내가 된 "타국 여인들"

하나님께서는 신명기 17장에서 "왕이 하지 말아야 할 것들"에 대해 말씀하신다(신 17:15-18). 그 중에서 대표적으로 세 가지를 꼽을 수 있는데, ❶ 목적을 가지고 말들을 많이 번식시키지 말고, ❷ 아내를 많이 두지 말며, ❸ 은과 금을 크게 늘리지 말라고 말씀하신다. 솔로몬왕은 재위 초기에 하나님께 『**주의 백성을 재판할 수 있는 명철한 마음**』을 달라고 간구하였다(왕상 3:9). 이 말에 기뻐하신 하나님께서는 솔로몬 이전과 이후에도 그와 같은 자가 일어나지 않을 것이라고 말씀하시며 축복하셨다.

그런데 솔로몬은 신명기에 기록된 명령들을 완전히 불순종했다. 솔로몬은 말씀이든, 율법이든 규례든 그 어떤 것도 지키지 않았다. 그것이 바로 그가 『**그 왕국에서 자기 날들을 늘리**』지 못하고(신 17:20) 왕국의 분열을 야기한 이유이다. 솔로몬은 작심하고 하나님께 반항하여 죄를 지었다(왕상 11:10). 이스라엘의 왕이라면 마땅히 지켜야 할 모세의 율법에 기록된 것(신 17:16,17)을 범한 것이다. 세상은 금을 통하여 솔로몬을 매료시켰고, 육신은 많은 아내들을 통하여 솔로몬을 사로잡았으며, 마귀는 이집트에서 말들을 가져다줌으로써 솔로몬을 매료시켰다.

1,000명이나 되는 솔로몬의 아내들(왕상 11:3 - 왕비가 700명, 후궁이 300명)을 어리석은 여인들로서 언급한 것은, 단순히 솔로몬이 아내를 많이 둠으로써 "주색잡기"에 열중했음을 지적하려는 것이 아니다. 많은 타국 여인들을 사랑함으로써 솔로몬 자신이 그 여인들이 섬기는 이방 신들을 따랐기 때문이다. 아내가 많았던 만큼 따랐던 이방 신들도 다양했다. 아스토렛(시돈), 밀콤(암몬), 크모스(모압), 몰렉(암몬)뿐만 아니라 모든 타국인 아내들을 위해 각자의 신을 위한 산당을 짓고 분향하며 희생제를 지냈다. 솔로몬이 자기의 율법책에서 하나님의 경고들을 찢어 버렸는지, 하나님께서는 솔로몬에게 주신 왕국을 찢어서 솔로몬의 신하(여로보암)에게 주셨다. 1,000명이나 되는 아내들 중에 솔로몬을 바른 길로 인도한 여인은 단 한 명도 없었다. 잠언의 저자요, 전도서의 저자이며, 솔로몬의 노래를 쓴 위대한 시인이었지만, 그는 그가 기록했던 잠언대로 되었다. 『**말씀을 멸시하는 자는 누구라도 멸망할 것이나, 계명을 두려워하는 자는 보상을 받으리라**』(잠 13:13).

느헤미야 13:26에서는 다음과 같이 솔로몬의 죄를 지적한다. 『**이스라엘의 솔로몬왕이 이런 일들로 범죄하지 아니하였느냐? 많은 민족들 가운데서 그의 하나님의 사랑을 받은 그와 같은 왕이 없었으니 하나님께서 그를 왕으로 삼아 온 이스라엘을 다스리게 하셨느니라. 그러나 그조차도 이방 나라 여인들이 죄를 짓**

게 하였느니라』(느 13:26). 구약에서 민족을 혼합하는 것은 하나의 "죄"였을 뿐만 아니라 "큰 악"이었다. 하나님을 거슬러 범죄한 큰 악이었던 것이다. 솔로몬이 타 인종 여인들과 혼인한 것이 왕국 분열의 직접적인 원인이었다(애 1-5장). 솔로몬은 타국 여인들에 관한 전문가였음에도 불구하고, 정작 그 자신이 타국 여인들로 인해 파멸해 버리고 말았다.

잠언 2:16에서 말씀하시는 『**타국 여인**』은 다른 민족의 여인일 뿐만 아니라, 창녀이기도 하다(잠 5:20; 6:32; 7:9-27). 또한 이 여인은 요한계시록 17:5의 "창녀들의 어미"와 직접적인 관련이 있다. 대환란 때 이스라엘 백성들은 『**그녀에게서 나오라.**』라는 하나님의 명령을 듣는다(계 18:1-5). 그녀는 『**사망**』과 『**지옥**』과 관련이 있으며(계 6:8), 이는 잠언의 『**타국 여인**』이 그러한 것과 정확히 일치한다(잠 5:5).

< 잠언에서 경고하시는 어리석은 여인들 >

잠언 2:16 『**타국 여인**』 - "창녀"(잠 5:20; 6:32; 7:6-27)

잠언 6:24-26 『**악한 여자**』, 『**음탕한 여자**』

잠언 9:13-18 『**어리석은 여자**』 - "창녀"(7:6-27)

잠언 11:22 "분별이 없는" 『**아름다운 여인**』

잠언 12:4 "남편에게 수치를 끼치는 여인" - 남편의 뼈를 썩게 한다.

잠언 14:1 "자기 집을 손으로 무너뜨리는 어리석은 여인"

잠언 21:9,19 "다투고 성내는 여자와 살면 노숙(露宿)해야 한다."

잠언 27:15,16 "다투기 좋아하는 여자를 막을 수 없다" - 『**비가 많이 내리는 날 계속 떨어지는 빗방울**』(잠 27:15; 19:13)

잠언 30:20-23 "간음하는 여인," "불결한 여자" - 세상을 소란하게 하고, 세상이 견딜 수 없어 한다.

이세벨, 큰 바빌론의 예표

북왕국 이스라엘의 아합왕과 이세벨은 각기 적그리스도와 "큰 바빌론"의 예표이다. 성경에서는 여로보암의 죄들을 행하는 일은 아합에게 마치 "가벼운 것" 같았다고 말씀한다. 그도 그럴 것이 그가 시돈의 엣바알[3]왕의 딸 이세벨[4]을 아내로 삼아서 바알을 섬기고 거기에 경배하였으며 사마리아에 바알의 신전을 세우고 바알을 위한 제단을 쌓았으며 아세라를 만들었다(왕상 17:31-33).

여신 "아스타롯"은 남자 신인 "바알"과 연관되어 있다(판 2:13). 왜냐하면 "아스타롯"은 "시돈인들의 여신"으로 불리기 때문이다(왕상 11:5). 이 신은 "하늘의 여왕"(렘 44:17-19,25)인데 누군가가 카톨릭이라는 말을 만들어 내기 800년 전에 이미 존재했었다.

이세벨은 하나님께서 세우신 주의 선지자들을 무참히 죽였다. 하나님께서 선지자들에게 명령하신 메시지가 무엇인가? 『**아끼지 말고 크게 외치며, 나팔처럼 네 목소리를 높이라. 내 백성에게 그들의 허물을, 야곱의 집에 그들의 죄들을 보이라**』(사 58:1). 선지자들은 배교한 이스라엘을 바로잡을 수 있는 "최후의 보루"였다. 그런데 이세벨은 하나님께로부터 말씀을 들을 통로를 차단시켜 버린 것이다. 『**율법을 듣는 데서 귀를 돌이키는 자는 그의 기도마저도 가증한 것이 되리라**』(잠 28:9).

아합이 나봇의 포도원에 욕심을 내어 사기를 원했지만, 나봇은 조상들의 유업을 다른 사람에게 파는 것이 하나님의 법에 어긋나기에 할 수 없다고 했다(레 25:23, 민 36:7, 겔 46:18). 그랬더니 이세벨이 부정한 방법으로 나봇을 죽이고 그 포도원을 착취했다. 이 일을 보신 하나님께서는 아합과 이세벨에게 그들이

---

3) "엣바알"은 "바알이 그와 함께함" 혹은 "바알의 남자"라는 의미이다.
4) "이세벨"은 "미혼의"라는 뜻이다. "영원한 동정녀"이자 "하늘의 여왕"의 원조 격이다.

받을 벌에 대하여 예언하셨다. 아합에게 "개들이 나봇의 피를 핥은 그 자리에서 네 피, 즉 네 몸의 피를 핥으리라."고 하셨으며 "네 후대를 쓸어버리고 남자를 끊어 버려 여로보암의 집과 바아사의 집같이 만들 것이라."고 하셨다(왕상 21:19-22).

이 예언은 열왕기하 9:26에서 정확히 성취되었다. 이세벨에게도 "개들이 이스르엘의 성벽 곁에서 이세벨을 먹으리라."고 하신 열왕기상 21:23의 예언이 열왕기하 9:30-37에서 정확히 성취되었다. 이 일을 수행하는 데 하나님께서는 예후를 들어쓰셨다. 또 예후는 아합의 아들 70명을 죽이는 일도 성취시켰다(왕하 10:1-11). 뿐만 아니라 하나님께서는 예후를 시켜 당시의 바알의 제사장들을 진멸시켰는데, 그는 자신을 바알을 섬기는 열성자라고 소개하면서 바알에게 제사를 지내겠으니 모두 다 예복을 입고 오라고 했다. 그리하여 그들 모두를 진멸시켰으며, 바알의 형상을 부수고 바알의 집을 헐어 아외 변소로 만들었던 것이다(왕하 10:19-28). 『**악인의 거처들은 반드시 그러하리니 바로 이것이 하나님을 알지 못하는 자의 처소로다**』(욥 18:21).

욥의 아내, "하나님을 저주하고 죽으라!"

『욥이 질그릇 조각을 가져다가 그것으로 자기 몸을 긁고 재 가운데 앉아 있더라. 그때에 그의 아내가 욥에게 말하기를 "당신이 아직도 당신의 온전함을 간직하려 하느뇨? 하나님을 저주하고 죽으라." 하더라』(욥 2:8,9).

어느 한날 한순간에 모든 것을 잃어버린 사람의 심정을 이해할 수 있는가? 욥의 아내의 마음은 황망함 그 자체였다. 욥의 아내의 생각은 이렇다. "하루에

장례를 열 차례나 치러야 했음에도(욥 1:19) 어떻게 여전히 의로운 척하고 있는 것인가?" 같은 맥락에서 하나님의 뜻에 대한 생각들을 읽을 수 있다. "어떻게 소경이 하나님의 뜻 안에 있을 수 있는가?"(요 9:2) "어떻게 가난한 사람이 구원을 받을 수 있는가?"(눅 18:25,26) "어떻게 악한 것들이 죽은 자를 일으킬 수 있었던 사람 안에서 발견될 수 있는 것인가?"(고후 12:10)

욥은 자기 아내에게 "당신은 어리석은 여자들 가운데 하나가 말하듯이 말하는도다."라고 꾸짖는다. 본인 자신도 사금파리로 몸을 긁고 있는 처지였지만, 욥은 절대로 하나님을 저주하지 않았다. 어리석은 여자가 되지 않으려면 욥의 고백을 숙고해보아야 한다. 『**말하기를 "내가 내 어미의 태에서 맨몸으로 나왔으니 내가 맨몸으로 그리 돌아가리이다.** 주신 분도 **주**시요, **빼앗아** 가신 분도 **주**시니 **주**의 **이름을 송축하나이다." 하더라. 이 모든 일에도 욥이 죄를 짓지 아니하였고 어리석게 하나님을 탓하지 아니하였더라**』(욥 1:21,22). 『**"당신은 어리석은 여자들 가운데 하나가 말하듯이 말하는도다. 무슨 말을 그리하느뇨? 우리가 하나님의 손에서 좋은 것을 받았을진대 나쁜 것도 받지 아니하겠느뇨?" 하며 이 모든 일에도 욥은 자기 입술로 죄를 짓지 아니하더라**』(욥 2:10).

"향락 속에 사는 여인"이 되지 말라

앞서 구약에 등장한 어리석은 여인들의 사례들을 반면교사로 삼고 현재 자신이 섬기고 있는 성경대로 믿는 지역 교회 내에서 어리석음의 열매들을 내어서는 안 될 것이다(롬 15:4).

디모데전서 5장에서는 교회 안의 여인들과 과부들에 대한 실제적인 지침을 담고 있다. "참 과부"는 단순히 남편을 잃은 여인을 말하는 것이 아니라, 그녀 자신이 외로움에도 불구하고 행실에 있어서 하나님을 신뢰하고 밤낮 간구와 기도를 꾸준히 하는 여인들을 말한다. 성경에서는 그들을 존경하라고 말씀한다(딤전 5:3). 반면 하나님을 찾지 않는 여인들을 성경에서는 "향락 속에 사는 여인"이라고 말씀한다. 이것은 그리스도인이 교리적으로 그리스도 안에 서 있지 못하고(롬 6:7,8,11) 헛되이 육신을 섬기는 일(엡 5:14)을 책망하시는 것이다. 베드로전서 3:7에서 말씀하시는 바와 같이 여자는 연약한 존재이다. 연약하다는 말은 다른 말로 "어리석다"는 말이고, 다시 말해 "진리 이외의 것들"에 빠지기 쉽다는 뜻이다. 디모데전서 1:4에서 말씀하시는바 꾸며 낸 이야기와 끝없는 족보에 몰두하여 믿음 안에 있는 경건한 세움을 추구하기보다는 오히려 말씀에 의문을 갖게 만든다. 창세기 3장에서 하나님의 말씀을 의심하게 한 마귀의 수작질과 동일한 것이다.

요한계시록 3장을 통해 보는 라오디케아 교회 시대의 문제는 "자기 상태를 파악하지 못한다"는 점이다. 자신이 부요하고, 부족한 것이 없다고 생각하지만 정작 비참하고, 가련하며, 가난하고, 눈멀고, 헐벗은 것을 알지 못하는 것이 라오디케아 교회 시대의 자화상이다. 『**어리석은 자는 자기 마음에 말하기를 "하나님은 없다." 하였도다. 그들은 부패하고 가증한 일들을 행하였으니, 선을 행하는 자가 아무도 없도다**』(시 14:1).

성경은 마지막 날들에 아주 어려운 때가 온다고 말씀하신다(딤후 3:1). 이 말씀은 사람들이 하나님의 말씀에 무지하여 어리석게 되었기 때문에 죄의 본성과 육신의 쾌락을 좇는 생활방식을 택함으로써 그것이 아예 사회 현상으로 자리매김하게 됨을 말씀하신 것이다. 이러한 때에는 실로 그리스도 예수 안에서 경건하게 살고자 하는 모든 사람이 더욱 박해를 받을 것이다(딤후 3:12). 그러나 하나님의 사람은 그 어디서나 온전하게 되고, 모든 선한 일에 철저히 구비되어야 한다(딤후 3:17). 세상이 더 악해질수록 우리 그리스도인들은 하나님의 말씀 앞으로 한걸음 더 나아가서 말씀을 사랑하고 수호하는 그리스도의 군사들로 발견되어야 할 것이다.

NOTES

제6과

교회 안에서 차지하는 자매들의 역할

『그들이 젊은 여자들을 가르쳐서 절제하고 남편을 사랑하며 자녀들을 사랑하고, 신중하며 정숙하고 집안 일에 힘쓰며 선하고 그들 자신의 남편에게 복종하게 하라. 이는 하나님의 말씀이 모독을 받지 않게 하려 함이라』(딛 2:4,5).

성경에서 말씀하는 여인들의 역할과 위치

비록 예수 그리스도께서는 결혼하신 적이 없을지라도 진심으로 여인들을 돕고 싶어 하셨고 때로는 그들을 치유해 주기도 하셨다(눅 8:2). 이 사실을 잘 알고 있던 여인들은 물질로 주님을 섬겼고(눅 8:3), 특히 이들 중에는 줄곧 예수님을 따라다닌 여인들도 있었으니 "갈보리 십자가"(눅 23:27,49)와 "무덤"(눅 23:55)까지 따라갔다. 심지어 이들은 "예수님의 부활"의 기쁜 소식을 최초로 알린 사람들이 되었고(눅 24:10), 주님께서 일곱 마귀들을 쫓아내 주신 "막달라 마리아"는 부활하신 예수님을 처음으로 목격한 증인이 되었다(막 16:9-11, 요 20:11-17). 그렇게 보면 "구속"에 관한 좋은 소식을 첫 번째로 알린 사람도 "여인"이었고(아셀 지파의 여선지자 "안나," 눅 2:36-38), "부활"에 관한 좋은 소식을 첫 번째로 알린 증인도 "여인"이었다(눅 24:10, 막 16:10,11).

1. 남자들을 돕는다.

<u>신구약을 막론하고 여인들의 기본적인 역할은 남자들을 "돕는 것"이다</u>. 하나님께서 여자를 지으신 목적은 "남자를 돕는 것"에 있었다(창 2:18, 고전 11:8,9). "돕는 자"는 결코 "방해자"나 "우두머리"가 아니다. 특히 하나님의 사역에 있어서는 더욱 그러하다. 세상에서 가장 현명했던 남자인 솔로몬은 "투덜대고 다투기를 잘하는 여자와 함께 살기보다는 광야나 지붕 위에서 사는 것이 더 낫다."라고 말했다(잠 21:19; 25:24).

2. 남편의 주관을 받는다.

여자의 "바람"(desire)은 남편에게 있고, 남편은 여자를 "주관한다"(창 3:16). 하나님께서 남녀 관계와 관련하여 여자에게 "권위"를 주시지 않은 이유는, 첫째, 남자가 여자보다 먼저 지음을 받았기 때문이고, 둘째, 남자가 속은 것이 아니라 여자가 속아 범죄했기 때문이다(딤전 2:12-14). 여자는 본래 있어야 할 위치에서 본연의 역할을 온전하게 수행할 때 하나님의 뜻을 가장 올바르게 수행할 수 있다. 하나님께서 세우신 권위의 질서를 거부하면 가정이나 교회는 파국을 맞게 된다.

3. 남편에게 복종해야 한다.

아내는 남편에게 복종해야 한다. "주님께 하듯이" 매사에 "주님 안에서" 남편에게 복종해야 한다(엡 5:22-24, 골 3:18). 또한 남편을 사랑하고(딛 2:4) 경외해야 한다(엡 5:33). 교회가 머리이신 예수 그리스도께 복종하는 것이 교회에 영광을 가져다주듯이, 아내가 그녀의 머리인(고전 11:3) 남편에게 복종하는 것은 아내에게 영광을 가져온다(cf. 렘 3:20, 겔 16:32, 벧전 3:5,6). 아내는 남편에게 자신의 생각을 강요하거나 미리 결론을 내려놓고서 그것을 유도하는 말을 해서는 안 된다. 남편이 리더십을 온전히 발휘할 수 있도록 기꺼이 남편에게 복종해야 하는 것이다.

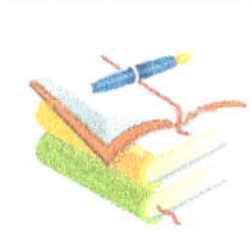

남편에게 온전히 복종하는 아내에게 하나님께서는 책임을 지우지 않으신다. 하나님께서는 여인들에게 가정이나 교회를 대표하는 책임을 지우지 않으셨다. 아내 위에는 그녀의 머리인 남편의 권위를 두셔서 남편으로 하여금 책임을 지게 하신 것이다. 만일 아내가 남편의 보호를 받지 못하면 사탄의 공격과 영향을 받게 된다. 아내가 남편의 권위로부터 보호를 받지 못한 결과 가정과 교회 안으로 공격이 거세게 밀려들어 올 수 있는 것이다. 사탄이 주관하는 세상은 아내가 남편에게 복종하는 것을 불명예스러운 것으로 여기게 만든다. 또한 남편이 이러한 책임과 역할을 포기하거나 저버리면 가정과 교회에는 큰 풍파와 고통이 따르게 된다. 성경에 따르면, 혼자 있는 미혼의 자매와 남편이 없는 미망인은 교회의 보호를 받아야 한다(행 6:1, 약 1:27, 딤전 5:3-16).

4. 가정과 교회 안에서 신실하게 섬겨야 한다.

여자들은 하나님의 말씀이 모독을 받지 않도록 처신해야 한다. 『**그들이 젊은 여자들을 가르쳐서 절제하고 남편을 사랑하며 자녀들을 사랑하고, 신중하며 정숙하고 집안 일에 힘쓰며 선하고 그들 자신의 남편에게 복종하게 하라. 이는 하나님의 말씀이 모독을 받지 않게 하려 함이라**』(딛 2:4,5).

"한나"는 기도하는 여자였고, 자녀를 올바르게 드린 신실한 어머니였다(삼상 1:10,12,17-20). 아이를 주님께 드리는 일에 소망을 두고 살았던 훌륭한 모범을 보여 준 것이다. 요한 웨슬리와 찰스 웨슬리의 어머니 "수산나"는 19명의 자녀들을 훌륭하게 양육한 어머니였다. 수산나는 가정이 위대한 학교임을 입증해 주었다. 부모가 직접 훈육하지 않은 자녀는 바른 성장을 보장할 수 없다. 수산나는 그 많은 아이들을 기르면서도 일주일에 한 명씩 개별적으로 함께 시간을 보냈다고 한다.

여자는 교회 안에서 설교하거나 남자들을 가르치는 것이 허용되지 않지만(딤전 2:12), 여자들(딛 2:4)과 아이들(딤후 1:5; 3:15)을 가르칠 수 있다. 신약에서 여자들은 지역교회 안에서 섬기라는 명령을 받았고(롬 16:1,3,6), 하나님의 명령에 의해 결혼 생활에서 보호를 받는다(엡 5:25-31, 골 3:19, 고전 7:3, 벧전 3:7).

지역 교회 안에서 자매들의 역할

지역 교회 안에 소속된 "자매들"은 하나님의 사역을 돕는 "일꾼들"이자 "동역자들"이며, 주 하나님께 "영적인 제물들"을 드리는 "영적인 제사장들"이다(벧전 2:5). 아내나 어머니가 없이는 가정이 형성될 수 없듯이, 하나님의 사역들을 수행하는 지역 교회 역시 "자매들"이 없어서는 안 된다. 이송오 목사는 이렇게 말했다. "많은 교회들이 자매들에게 온전히 일할 수 있도록 기회를 부여하지 않는 것은, 좋은 그릇들을 창고 저 밑바닥에 방치해 두고 사용하지 않는 것과 같은데 실로 '어리석은 짓'이다. 주님께서는 자매들에게도 성령의 은사들을 주신다." 성경에서 말씀하는 "헌신"은 구원받은 "형제들"만의 전유물이 아니다. 구원받은 "자매들"도 "헌신"해야 한다. 하나님께 몸을 드려야 하는 것이다(롬 12:1). "자매들"은 강단에서 성경을 설교하고 가르치는 목사만 될 수 없을 뿐인데, 목사(감독, 장로)는 "한 아내의 남편"이어야 하기 때문이다(딤전 3:2, 딛 1:6).

1. 기도의 사람이 되어야 한다.

사무엘의 어머니 "한나"는 "기도하는 여인"이었다. 『**그녀가 마음이 비통하여 주께 기도하고 심히 울더라. 그리고 그녀가 서원하며 말하기를 "오 만군의 주여,**

주께서 참으로 주의 여종의 고통을 보시고 나를 기억하시며, 주의 여종을 잊지 아니하시고 주의 여종에게 사내 아이를 주시면, 내가 그의 평생 동안 그를 주께 드리고 그의 머리에 삭도를 대지 아니하겠나이다." 하더라』(삼상 1:10,11). 남편 "조나단 고포드"와 함께 평생을 "중국 선교사"로 섬긴 "로잘린드 고포드" 자매 역시 "기도의 사람"이었는데, 그녀는 사역을 하면서 경험한 "기도 응답의 간증들"을 그녀가 저술한 책 〈응답받은 기도〉에 담아 놓았다.

2. 신실한 구령자가 되어야 한다.

『그러나 사울은 교회를 파괴하고 집집마다 들어가서 남자들과 여자들을 끌어내어 감옥에 넘겨주더라. 그러므로 널리 흩어진 사람들이 가는 곳마다 말씀을 전하더라』(행 8:3,4). 여기서 "널리 흩어져 말씀을 전한 사람들" 중에는 "여자들"도 포함되어 있었다. 바울은 빌립보 교회에 속해 있는 두 자매, 곧 "유오디아"와 "순두케"를 가리켜 "복음 안에서 수고한 여인들"(빌 4:3)이라고 말했다.

3. 신실한 일꾼이 되어야 한다.

"페베"는 "교회의 일꾼" 된 자매로서(롬 16:1) 바울을 위시하여 여러 성도들을 위한 "후원자"였다(롬 16:2). "프리스킬라"는 남편인 아킬라와 더불어 바울의 생명을 위해 목숨을 내어 놓은 신실한 동역자였다(롬 16:3). "마리아"는 바울과 그 일행을 위해 수고를 많이 한 일꾼이었다(롬 16:6).

한편 자매들은 그들에게 주어진 은사를 활용하여 좋은 책을 번역하거나 월간 〈성경대로믿는사람들〉과 계간 〈그날의 양식〉에 글을 기고할 수 있다. 또한 책을 쓰거나 다른 성도가 쓴 글들의 교열을 볼 수도 있다. 그 외에도 병이 든 성도들의 집이나 병원을 심방하고, 가난한 성도들을 돌아보며, 교회의 헌금을 통해 구제하는 사역을 도울 수 있다. 교회 안의 결혼식이나 장례식에서도 도울 수 있다. 담임목사가 분망하여 할 수 없는 일들을 도와 지역 교회의 사역이 침체되지 않도록 해야 하는 것이다.

4. 아이들과 여성들을 가르치는 교사가 되어야 한다.

사도 바울의 영적인 아들 "디모데"는 어렸을 때부터 그의 할머니 "로이스"와 어머니 "유니케"로부터 믿음의 영향을 받았고(딤후 1:5), 성경도 배웠다. 『**또 어릴 때부터 네가 성경을 알았으니, 그 성경은 너로 그리스도 예수 안에 있는 믿음으로 인하여 구원에 이르도록 지혜롭게 할 수 있느니라**』(딤후 3:15). 또한 나이 많은 자매들은 자기보다 나이가 어린 자매들을 가르치는 교사가 되어야 한다. 『**나이 많은 여자들도 이와 같이 되게 하여 행실이 거룩하고 모함하지 아니하며, 술에 인박이지 아니하며, 선한 것들을 가르치는 신생이 되어, 그들이 젊은 여자들을 가르쳐서 절제하고 남편을 사랑하며 자녀들을 사랑하고, 신중하며 정숙하고 집안 일에 힘쓰며 선하고 그들 자신의 남편에게 복종하게 하라. 이는 하나님의 말씀이 모독을 받지 않게 하려 함이라**』(딛 2:3-5).

5. 하나님의 부르심을 받은 "선교사"가 될 수 있다.

신학 교육을 받은 자매들은 하나님의 일을 하고픈 열정이 있을 때 "하나님의 부르심," 곧 "Divine Calling"을 받을 수 있다. 물론 "목사"가 될 수 있다는 뜻은 아니다. 그 대신 성경적인 지식과 언어 구사 능력을 활용하여 외국에 "선교사"로 나갈 수 있다. 그곳에 가서 교회를 개척하는 것과 동일한 방법으로 그곳 현지인들에게 복음을 전해서 구령하고, 구령한 성도들을 모아 성경을 가르칠 수 있는 것이다. 왜냐하면 "선교지"라는 특수한 환경에서는 "지금 당장" 성경을 설교하고 가르칠 수 있는 형제가 없기 때문이다. 주일 예배도 인도할 수 있지만, 다만 목사로서가 아니라 성경 교사로서 주일 예배를 인도하게 된다. 자신을 목사라고 부르면서 그 권위를 행사하지는 않지만, 하나님께 영과 진리로 드리는 경배를 인도할 수 있는 것이다.

그렇게 섬기고 기도하는 가운데 청년들 중에 열성을 지닌 청년을 두세 명 정도 가르치고, 그중에서도 설교할 수 있는 한 명을 집중적으로 양육해서 설교자로 세워 쓰임 받도록 해야 한다. 그때까지는 불가피하게 선교사로 부름을 받은 그 "자매"가 설교하고 가르쳐야 한다. 그래서 자매들 중에 선교사로 활동했던 사람들이 상당수 있다. 예를 들어 네덜란드 출신의 선교사 "코리 텐 붐" 자매라든지, 중국 선교사 허드슨 테일러와 결혼했던 중국 내지 선교회 출신의 "마리아"라든지, 20세기에 중국 선교사로 활동했던 "글래디스 아일워드" 등이 있는 것이다.

가장 아름다운 여인들은 하나님을 두려워하고, 성경대로 주님을 사랑하며, 예수 그리스도의 다시 오심을 기다리면서 복음과 진리를 전하는 자매들이라는 점을 잊지 말기 바란다.

■ 새롭게 깨달았거나 적용할 내용이 있다면 적어 보세요. ■

NOTES

<추천도서>

응답받은 기도

로잘린드 고포드 지음 / 192쪽 /
6,000원(e-Book 3,900원)

하나님께서는 기도에 응답하신다. 하나님께서는 그분의 사람들이 가진 가장 사소한 문제라도 돌봐주신다.

윌슨의 잠언

월터 윌슨 지음 / 160쪽 /
6,900원(e-Book 4,900원)

저자 월터 윌슨은 "영적인 의사"로서 영적 질병에 걸려 있는 사람들을 치유하였다. 저자는 흔하고도 평범한 소재에 영적 교훈을 담았다.

하나님은 나의 기쁨이시라

필립 켈러 지음 / 256쪽 /
6,500원(e-Book 4,900원)

이 책은 하나님과 동행하는 삶을 잘 표현한 책이다. 그분의 말씀 속에 있는, 사랑의 언어들은 우리에게 하나님만을 바라보게 한다.

모든 것의 여왕, 마리아

짐 테트로우 지음 / 224쪽 /
7,000원(e-Book 4,900원)

카톨릭 뿐만 아니라 이슬람교와 힌두교, 교 등에서도 여신 숭배 사상이 있다. 마리아는 이것과 어떤 관계가 있는지 알려 준다.

솔로몬 성경공부 시리즈

성경에 나오는 신실한 여인들

초판1쇄 2022년 5월 13일
초판2쇄 2022년 6월 20일
지 은 이 / 편 집 부
발 행 인 / 박 승 용
발 행 처 / 말씀보존학회
출판등록 / 1988. 12. 12. 제16-223호
주 소 / 서울 강서우체국 사서함 제90호
전 화 / (02) 2665 - 3743
팩 스 / (02) 2665 - 3302
인 터 넷 / www.biblemaster.co.kr

잘못된 책은 바꿔 드립니다.

값 10,000 원